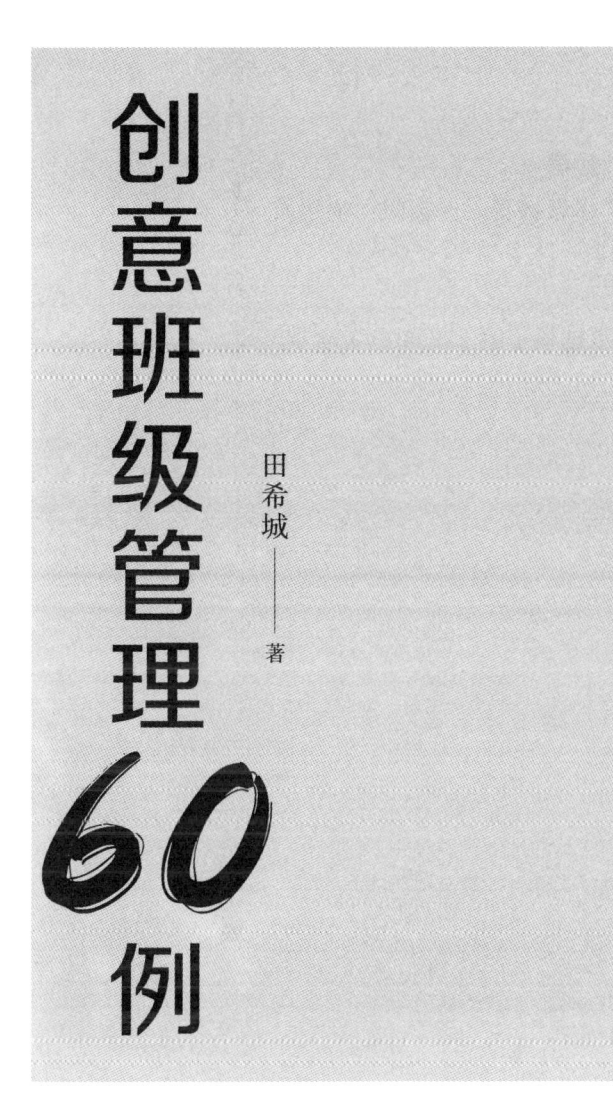

创意班级管理60例

田希城 著

图书在版编目（CIP）数据

创意班级管理 60 例 / 田希城著. —福州：福建教育出版社，2025.8. —ISBN 978-7-5758-0500-1

Ⅰ.G622.421

中国国家版本馆 CIP 数据核字第 20253GV369 号

Chuangyi Banji Guanli 60 Li

创意班级管理 60 例

田希城　著

出版发行	福建教育出版社
	（福州市梦山路 27 号　邮编：350025　网址：www.fep.com.cn）
	编辑部电话：0591-83779615　83726908
	发行部电话：0591-83721876　87115073　010-62024258）
出 版 人	江金辉
印　　刷	福建省地质印刷厂
	（福州市金山工业区　邮编：350011）
开　　本	710 毫米×1000 毫米　1/16
印　　张	13.25
字　　数	182 千字
插　　页	2
版　　次	2025 年 8 月第 1 版　2025 年 8 月第 1 次印刷
书　　号	ISBN 978-7-5758-0500-1
定　　价	39.00 元

如发现本书印装质量问题，请向本社出版科（电话：0591-83726019）调换。

序

和学生一起快乐成长

丁如许

阳春4月的一天，我收到田希城老师的来信。他希望我给他的新书写序。随信附有详细的书稿。我打开书稿，书名《创意班级管理60例》就让我心生喜欢，明了的话语表达了作者带班的追求。再细看目录，全书五个部分，从班级文化建设、开展班级活动、学生问题解决、关爱后进学生、加强家校合作等不同角度阐述了班级管理之道。观点新颖，内容丰富，例证务实，让我更加喜欢。我看到了这位年青教师的治班之道，看到了这本书的实用价值，也想起了和田希城老师交流的过往。

这些年来，我们经常开展面向全国的班会课征稿活动，许多老师积极参加。在一次征集微班会教育故事的活动中，一位老师的来稿引起了我的注意，他就是田希城老师。文章题目是《同舟共济》。原来他所带的班在学校的啦啦操比赛中成绩落后，他就根据比赛的情况，设计了"同舟共济"的游戏，让孩子们在游戏中体验、感悟，在他的指点下，孩子们在接下来的跑操比赛勇夺第一。这个活动田老师做了精心的设计，从活动材料尼龙袋的准备到参赛小组的选择，从活动氛围的渲染到教师指导的说辞，体现了老师的用心，展示了老师的智慧。

这篇文章当然入选了我主编的《魅力微班会》，随后我又推荐他在山西平遥举办的全国第十届中小学班会课专题研讨现场会上做微班会故事分享,这一课例也得到了许多与会老师的好评。

记得分别时,田老师表示要继续好好研究。2020年12月,我收到田希城老师寄赠的新书《班级管理中的"经济学"》。田老师以生动的笔触介绍了他的带班方法:"学生学起来""纪律好起来""学生动起来""'生意'火起来""班级暖起来""班级'嗨'起来"。每个专辑都有生动的故事。让学生学会管理,让学生得到成长。后生可畏啊,我为田老师一个又一个班级管理的有效策略叫好。

现在,田老师又出新书了,我非常高兴。在快速的浏览中,我为作者的教育智慧而感动,为作者的倾情分享而高兴。今天,很多老师感慨学生越来越难管,班级越来越难带,而田老师的对策是不断地"创意"。通过创新来改善管理,提高效能,促进学生的成长。

我们常说,有效的班级管理,是班级文化的管理。田老师在第一辑"用心缔造润泽的班级文化",从"责任文化""生日文化""路队文化""感恩文化""团结文化""表扬文化""小组文化""共享文化""班刊文化""毕业文化"十个方面介绍了他的实践,这种着眼于学生内心认同、价值认同的精神层面的文化建设值得借鉴,而操作的方便可行,增强了借鉴的成功。

田老师的文章,语言清新,案例丰富、方法有效。田老师扎根于一线的班主任工作,在工作中,善于用生动的语言、有趣的故事、好玩的活动来启发孩子,影响学生。在快速浏览中,"班级小网红""作业拼多多""反向表扬",许多生动的提法让我忍俊不禁,相信也能让您在快乐的阅读中走进田老师的教室,感受那一个个有趣的教育案例。

无需更多的举例,我们已经领略了田老师"轻松快乐"的带班策略。不过我想说的是,"轻松快乐"是源于田老师认真的研究。许多事我们都遇到。比如班上的后进生,许多老师开始也是动脑筋的,但有时效果不好,工作就简单化,"有事吼几声"。"有事吼几声"固然能镇得住一次,但镇不住多次。

后进生之所以成为后进生，就因为毛病较多，积习难改。慢慢地，"吼几声"会管不住后进生，于是老师们感到难啊。而田老师"一官半职""一把钥匙""一本图书"，甚至"小小班币""公开道歉"，极具智慧，动之以情，晓之以理，导之以行，给出的是多种方法，用的是综合治疗。"浇树浇根，帮人帮心"，帮助、转化了后进生，班级管理也就"轻松快乐"了。而这种获得"轻松快乐"的过程，老师并不是很轻松，需要思考，需要研究，需要行动。但在这样的过程中，老师也得到了提高，得到了成长。

其实今天的班级管理，我们也需要"同舟共济"。在新的发展形势下，我们面对着家长越来越高的教育期许，面对着伴随社会变化带来的越来越多的新问题，我们需要不断学习，经常交流，而来自一线同行者、先行者、优秀者的经验更值得分享。因此欣然为田希城老师的新著《创意班级管理60例》写序，希望更多的老师喜欢这本书，从这本书中获得智慧，进而带好自己的班级。在这一过程中，我们将和学生一起快乐地成长。

修改于2025年夏，上海

（作者为特级教师、研究员）

目 录

第一章 用心缔造润泽的班级文化　1

1. 在班级事务中，培育责任文化 …… 2
2. 举办生日庆典，创建生日文化 …… 5
3. 抓放学三环节，塑造路队文化 …… 9
4. 关注班级小事，营造感恩文化 …… 12
5. 借助关键事件，缔造团结文化 …… 16
6. 运用两种表扬，构建表扬文化 …… 19
7. 组建学习小组，打造小组文化 …… 23
8. 建设共享专区，打造共享文化 …… 26
9. 创办班级刊物，形成班刊文化 …… 29
10. 举行毕业庆典，构建毕业文化 …… 33

第二章 开展富有创意的班级活动 …… 38

11. 特殊节日，拉近师生距离 …… 39
12. 物品拍卖会，激发积极性 …… 42
13. "开心一刻"，帮助学生遵规守纪 …… 45

14. "我有外号"，教学生文明取外号 ………………… 48
15. 班级游戏，提高班会效率 …………………………… 51
16. "学生周"，让每个学生都出彩 ……………………… 55
17. 二十四节气，丰盈班级生活 ………………………… 58
18. 班级仪式，让生活与众不同 ………………………… 62
19. 每日新鲜事，分享童真与童趣 ……………………… 66
20. 班级吐槽大会，为班级增添欢乐 …………………… 70
21. 编唱毕业歌，定格美好童年 ………………………… 74

第三章 轻松解决复杂的学生问题 …………………………… 77

22. 虚构故事，瓦解"小团体" ………………………… 78
23. 趣味故事，树立正确价值观 ………………………… 83
24. 励志故事，唤醒主动性 ……………………………… 86
25. 名人故事，教学生为失误负责 ……………………… 89
26. 各抒己见，遏制流言蜚语 …………………………… 92
27. 座位拍卖，解决调位难题 …………………………… 96
28. "迟到奖励券"，让学生上课不再迟到 …………… 98
29. 留出时间，让学生自己解决祸事 ………………… 101
30. 巧借智慧，化解课堂纪律难题 …………………… 103
31. 反向表扬，让学生做操不再说话 ………………… 106
32. 头脑风暴，解决学习苦恼 ………………………… 109
33. 借助微信，培养阅读兴趣 ………………………… 112
34. "班级小网红"，激活写作热情 …………………… 115
35. "作业拼多多"，激发作业兴趣 …………………… 120

第四章　智慧转化顽固的后进学生 …… 123

36. 公开道歉，帮他改掉不良行为 …… 124
37. 榜样人物，帮他规范行为 …… 127
38. 真心交谈，让他不再"偷钱" …… 130
39. 悉心陪伴，使他不再自闭 …… 133
40. 一官半职，使他不再捣乱 …… 136
41. 一把钥匙，使他不再迟到 …… 139
42. 一本图书，帮他改掉恶习 …… 141
43. 一次辩论会，帮他明晓事理 …… 144
44. 巧妙"隔离"，使他不再调皮 …… 148
45. "松鼠搬家"，帮她敞开自我 …… 151
46. 持续表扬，让他爱上学习 …… 154
47. 学习 PK 赛，让他们认真学习 …… 157
48. 小小班币，让学生好好上网课 …… 160

第五章　巧妙化解棘手的家校矛盾 …… 164

49. 顺势引导，消除家长群负面消息 …… 165
50. 以退为进，化解家校冲突 …… 169
51. 根据性格，有策略地沟通 …… 173
52. 提前沟通，防止产生误解 …… 176
53. 及时联系，避免工作被动 …… 179
54. 抓关注点，突破难缠家长 …… 181
55. 智慧拒礼，保持家校纯洁 …… 184
56. 以静制动，沉着应对质问 …… 186
57. 积极联系，快速获得家长认可 …… 188

3

58. 管点闲事，赢得"刺头"家长 …………………………… 191

59. 查清真相，及时消除误会 …………………………… 194

60. 带学生家访，促家校了解 …………………………… 197

后记 智慧从失败中生长出来 …………………………… 200

第一章　用心缔造润泽的班级文化

班级文化，是一个班级的灵魂，是班主任带班理念的体现，其包括物质文化和精神文化，物质文化主要指班级标语、班级名牌、班旗、墙报等，精神文化主要指班风、班训、班规、班纪以及班级愿景等。

班级文化中，最重要的是精神文化。它不是班主任一拍脑瓜想出来的，也不是找专家设计出来的，而是班主任在班级管理过程中，基于班情慢慢经营出来的一种班级精神、班级氛围，其具有无形的教育力量，能潜移默化地影响着生活在班级中的每一位学生。优秀的、具有特色的班级文化，能润泽学生的生命。

当下，班主任在打造班级文化时，主要存在以下两个误区：一是过分注重物质文化建设，比如制作精美的班级名牌、悬挂高大上的班级标语、精心布置教室环境等，却忽视了精神文化建设；二是把制定的班风、班训、班规、班纪等精神文化，仅张贴在班级文化宣传栏中，却没有在班级中落实。这两种情况，都很难发挥出班级文化的育人功能，也难以润泽学生的生命。

班级是学生生命成长的重要场所。要让学生的生命在班级里得到自由舒展，就要缔造出能润泽学生身心的班级特色文化。朱永新说，教室文化应该在一以贯之的师生生活点滴之中，在不断的濡染、编织与生成中活出来。班级文化的缔造，在一定意义上是师生共同生活出来的。

1. 在班级事务中，培育责任文化

责任意识，就是让学生在做各种班级事务时，意识到这是我应该做的事，这是我的责任，我应该保质保量地完成，不为获得奖励，也不为逃避惩罚。

班主任普遍感觉班级管理工作忙、工作累、学生对班级漠不关心，主要原因是没有培养出学生的责任意识，没能在班中培育起责任文化。要培育班级责任文化，主要从以下几方面入手。

首先，把班级事务分配给学生，并告诉学生这是他的责任。《卓越课堂管理》的作者黄绍裘博士，认为工作能培养学生的责任感和班级主人翁意识。所以，班主任要有意识地把班级事务分配给每一个学生。一年级学生从成为班级中一员的那一刻起，就已经拥有了一份班级的责任——做班级中力所能及的事务，比如，打扫卫生、开关门窗、开关电灯、整理书包、摆放桌椅等。可是，在大部分班主任看来，一年级学生什么也做不了，什么也做不好，于是干脆什么也不让学生做，全部交给了学生家长——教室卫生，由家长轮流打扫；每天的学习用品，由家长准备；每天的家庭作业，由家长督促完成；等等。久而久之，就导致学生责任意识缺乏，本该属于他自己做的事情却认为与自己无关。等学生大了有了做事的能力，再去给他分配任务，让他去做事，培养他做事的责任意识就有些困难了。因此，培养学生责任意识的最佳时间，是一年级。从他成为一年级新生的那一刻起，就要告诉学生，在班级里有许多事情，需要自己去干，因为做班级中的工作是他的责任。给学生安排值日，并教会学生如何打扫卫生；让学生每天晚上自己整理书包，告诉他整理书包是他自己应该做的事。同时，还要告诉学生，所谓的责任就是他应该保质保量地完成属于自己的事，不是为了获得奖励，也不是为了逃避惩罚。

其次，调动起学生做事的积极性，放手让他们做事。不管班里的大事还是小事，学生只要能做，就要放手让他们去做。

一天早上，我正上着晨读，德育处高主任把我叫出了教室。她指着教室外面的墙报说："你看你们班的墙报，刚贴上三天，破成什么样了？多难看！一年级的孩子还小，不会修补，你就抓紧时间自己把它修补好……"此时，我看到一年级其他班主任，正拿着胶带自己在那里修补。我一看，修补墙报的难度也不是很大，一年级学生可以胜任，正好借此机会培养学生的责任意识。

我回到教室对学生说："同学们，先停止晨诵。老师遇到了一个大大的困难，自己无法完成，需要你们的帮助。什么事呢？是咱们班级的事，也是你们自己的事。三天前，六年级的四个大姐姐，用一节课的时间，帮我们把外面的墙报张贴好了，光秃秃的墙壁变得美丽起来。可是，三天后，我们的墙报，却破烂不堪了。这是我们班级自己的墙报，破损了应该自己去修补，不应再麻烦别人。该如何把它修补好，请同学们帮助我解决这个问题。"

我的这一番话，调动起了学生修补墙报的积极性。他们纷纷举起了手。

我说，下面我们就比一比谁的办法更好！大家你一言，我一语，纷纷介绍自己的好办法。经过讨论，大家一致认同用透明胶带修补墙报的办法最好。

第二天，有好几个学生带来了透明胶带，有大的，有小的。我放手让他们自己修补墙报，他们在修补时，配合得十分默契，有的把撕破的墙报对接好，有的用剪刀把透明胶带裁剪下来，有的把透明胶带贴上去……

不一会儿，学生就把破损的墙报给修补好了，虽然有点瑕疵，但对这个年龄段的孩子来说，能做到这样，就已经很不错了，我指着他们修补好的墙报，夸奖他们说："你们看，修补得多好啊！"

我们班许多事情完全交给学生来做：卫生，学生打扫；黑板，学生擦；课桌椅，学生摆放；晨读，学生组织……在让学生做事前，首先要调动起他

3

们的积极性。学生有了积极性，也就会更努力地做事。学生做不好不要紧，降低要求，给予方法指导；出错了不要紧，慢慢来，给予帮助。学生做完事后，用"我说你们能做好吧""你们做得真好"等话语，对他们进行一番鼓励，他们就会更有成就感。学生有了成就感，会更乐意做事。

学生的责任感，就是通过在班级里做一件又一件的事情培养起来的。当每一位学生拥有了责任意识——这是我应该保质保量完成的事，不为获得奖励，也不为逃避惩罚——班级中的责任文化便建构起来了。更多的学生会积极、主动地做事，班主任的工作自然就轻松多了。

2. 举办生日庆典，创建生日文化

在班级里给每个学生举办生日庆典，给每个学生过一个有意义的生日，能让他们感受到同学间的情谊，体会到班级的温馨。

班级是学生生命成长的重要场所，温馨的班级能给学生带来极高的幸福感，还能让学生对班级生活充满期待。建设温馨的班级，从打造生日文化入手。

每个孩子都很看重自己的生日，因为这是属于他自己的独特节日。生日这一天，他能收到亲朋好友的祝福和关注。有了大家的祝福和关注，这一天，他会沉浸在幸福之中。学生生日不但是学生的独特节日，而且还是班级的重大节日。为了让每个学生能感受到班集体带给他的幸福，我在班里为每个学生举行生日庆典。

每接一个新班，我都会用电子表格，按照时间先后顺序，统计好学生的生日，以便能及时给他们过生日。我组织全班学生，采用最朴素的方式，为他举行生日庆典，给他送去最真诚的生日祝福，让他感受到班级带给他的温暖。

为了让学生每一年的生日过得不一样，变换着花样给学生举行生日庆典。

第一年，学生自主组织策划生日庆典。别看学生人小，但是鬼点子特别多。把生日庆典交给他们策划，他们会组织得异彩纷呈。我把举行生日庆典的事全权交给了知心委员——李怡琦同学，她鬼点子特别多，总能策划出让人意想不到的、惊喜连连的生日庆典。

12月24日上午，李怡琦和张冰倩，跟我说要借用下午的第三节课，我同意了。我处理完班级事情后,就将课堂交给了张冰倩。张冰倩对全班同学说:"今天是周一凡的生日……"还没说完,就有学生喊起来:"唱生日歌!唱生日歌!"喊着喊着,不知谁先唱了第一句,全体同学都跟着唱了起来。那么多同学为周一凡唱生日歌,那么多同学的眼睛看着她,此时此刻,她的脸上露出了甜美的微笑。

"下面,有请周一凡同学上台。"李怡琦说。

周一凡有点疑惑,更有点惊讶,慢吞吞地走到讲台上。

"请同学们为周一凡送礼物。"李怡琦又说。

她惊讶地张开了嘴。李怡琦先送上了第一件礼物,随后四五个学生陆续走上去,送给她礼物……

周一凡在今天的日记中写道:"今天是我过得最开心的一天,也是最难忘的一天,因为在班里,同学们给我过了一次非常开心、非常惊喜的生日。谢谢老师,谢谢同学们!"

第二年,举行生日诵诗会。在学生生日那天,班主任为他写一首生日诗,全班一起诵读。在这一天,生日诗能为他的生命成长增添几分诗意。生日诗,是班主任根据儿童诗改编而成的。在小寿星过生日前,班主任搜集一首与小寿星性格、气质等方面相似的儿童诗,并把小寿星的名字、优点以及老师对他的期待等内容嵌入其中。经过改编之后,这首诗就成为了一首属于他自己的、独一无二的生日诗。把生日诗做在幻灯片上,在幻灯片中插入平常抓拍到的小寿星精彩表现的照片,比如活动参与、课间玩耍、上课认真听讲、做作业、积极举手回答问题等。小寿星生日那天,班主任抽一节课,专门为他举行生日庆典。让小寿星站在教室前面,班主任一边播放幻灯片,一边组织全班为他诵读生日诗。因为诗中嵌入了他的名字,并配上他的照片和优美的背景音乐,所以当大家一起为他朗读时,他会感到特别开心和幸福。

马嘉蔚,是个温文尔雅的小姑娘,《如水容颜》这首童诗跟她的性格很相似,于是我对这首童诗进行了改编,9月10日,她生日那天,下午的第三节课，全班一起为她诵读：

如水容颜
——献给马嘉蔚的生日诗

白荷花安静地点缀在水面
马嘉蔚美丽的笑容
一如从前
不管过去多少年
奇迹班都会记得你如水的容颜
天真稚气简单
不管过去多少年
都不会忘记
来自你的温暖
贴心小棉袄一般

在生日诵诗会的最后，我把为她提前写好的生日诗，送给了她。她双手接过生日诗，脸上露出了幸福的笑容，小心翼翼地把生日诗收藏好。

第三年，举行生日赠书活动。班主任提前跟家长商量好，孩子过生日时，家长要买一本书交给班主任，并由班主任代替家长，当着全班同学的面送给学生。大多数家长给孩子过生日时，不是给孩子买好吃的、好喝的，就是买好玩的，很少借助生日的时机给孩子买书。孩子生日时，买本书作为礼物送给他，在一定程度上能促进他阅读。家长送给孩子书，他有时未必喜欢，但是由班主任代送，他就会很喜欢。同时，还要求家长录一段想跟孩子说的心里话的视频，届时在全班播放。平日里，家长对孩子千叮咛万嘱咐的话，孩子可能听不进去，也可能听着厌烦，但是录成视频，生日那天，在班里播放，他就会感到那些话是那么的温馨。

3月4日是代明泽的生日,他妈妈于前一天把购买的书给了我。我在书的扉页写上赠言——"腹有诗书气自华,望明泽同学多读书,读好书",落款是"代明泽妈妈购买,田老师代送"。

这一天,我为代明泽举行了生日庆典。我对全班同学说:"今天是代明泽的生日,让我们一起把最真诚的祝福送给他。"伴随着幸福的生日歌,我把书郑重地送给了他。随后,播放了妈妈对他说的心里话:"明泽,过了今天,你又长大了一岁。你很懂事,有时你会给妈妈做可口的饭菜……"他听了妈妈的话后,流下了幸福的眼泪。

我告诉学生:"当你用温暖的笑容和友好的言语向他人送去内心的问候时,他世界里的一切变得很美,哪怕只是一瞬间。他会拥有一种存在感,他存在于这个宇宙中,有人认可,有人肯定。有人关心他。"在班级里过生日,是我们班每个学生最期盼的事,因为他能收到老师和同学们的祝福,因为每一年的生日庆典都不一样,每一次生日都有惊喜。在班级里给学生过生日,不要用蛋糕和饮料把生日庆典举办成一场吃喝玩乐的盛宴,而要用祝福和仪式给学生送去温暖和幸福,让他感受到老师和同学对他的关心,让他感受到班级的温暖和幸福。

3. 抓放学三环节，塑造路队文化

在路队集合时，通过玩"抓最后一名""木头人"的游戏，让学生做到"快静齐"；在路队行走中，通过背古诗，增加路队的节奏感；到达接送区后，通过整队、喊班级口号，增强路队的气势。抓好放学路队的三个环节，就能把班级的精神面貌展现出来。

每到放学时，班里总有几个学生喜欢在教室内逗留，其余学生则要在教学楼前站着队苦苦地等着他们一起放学。正是因为这些逗留的学生，导致了班级放学路队集合速度慢。不仅如此，还有部分学生在行走过程中，三二两两，走不整齐。

放学路队，是展现班级精神面貌的窗口，因为队伍走在校园里，所有老师和学生都能看到，走出校门，所有家长都能看到。我给学生提出了放学时做到"快静齐"的要求，即集合迅速、安静，走路整齐、有序。我利用小学生爱玩的心理特点，以游戏的方式，抓好放学三环节，促使"快静齐"的落实。

集合环节，通过做游戏，让学生迅速集合、安静站队。

首先，用"抓最后一名"的游戏，让学生快速离开教室，迅速集合。

我们班每次放学出教室站队时，总有些学生不是慢悠悠地收拾书包，就是凑到一块儿说话，从而导致整个班级的集合速度慢。

我跟学生讲："从今天中午开始，我们一起做一个游戏，游戏的名字叫'抓最后一名'。规则是，每天放学时，按照小组座次的顺序出教室，一组出完，二组出，以此类推。每个组中最后一个离开座位的同学就是最后一名，每组坐在最后一排的同学除外。谁是最后一名，谁就要在下午的预备时间，到教室前面为大家表演节目，还要讲一讲为什么会成为最后一名，以后该怎样才能迅速离开座位。请成家奇站在教室前面指挥大家按顺序出教室，同时负责抓最后一名。"

规则公布了，我们的游戏也就开始了。每到放学时，成家奇便站在讲台上指挥大家按顺序出教室："一组出……二组出……"在成家奇的指挥下，大家按顺序离开座位，有序走出教室。轮到邓永川出教室了，他还在忙着收拾书包。成家奇说："邓永川最后一名，崔浩宇出。"

其次，通过"木头人"的游戏让学生在站队时安安静静。自从玩起了"抓最后一名"后，学生每天都能有序、快速地站好队。可是，队伍迅速站好后，部分学生在队伍里叽叽喳喳说个不停，甚至还有打闹的，队伍显得乱糟糟。

我对学生说："所有同学到齐后，路队长开始整队。整完队后，路队长喊'一二三'，大家就喊'木头人'。一共喊三遍，喊完后不能说，不能笑，更不能动，谁说、谁笑、谁动，谁就输。输了，就接受惩罚。路队长负责监督。"

两个游戏完成后，他们做到了集合迅速、安静。

行走环节，通过背诵古诗词，让学生走路时做到整齐、有序。

小学生有个特点，喜欢动，无时无刻不在动。从教学楼前到接送区，学生走着走着，就说起话来，路队就变得乱起来。于是，路队行进中，我让他们做点事——大声背古诗。古诗，有着很强的节奏和韵律，在行走中背诵，能给队伍增加节奏感。为了使古诗的背诵连贯流畅，我让学生背诵古诗接龙，前一首的最后一个字，正好是后一首的第一个字，一首接一首，中间不会出现停顿的情况，节奏感很强。古诗的节奏感，也让路队有了节奏感。

路队长一喊："离离原上草，齐背。"大家就跟着背起来，同时也开始了行走的步伐："离离原上草，一岁一枯荣。野火烧不尽，春风吹又生。生当作人杰，死亦为鬼雄。至今思项羽，不肯过江东。东风满天地……"一首接一首地背下去。有节奏地背诵，让行走中的路队显得格外有气势。

为了使学生对背诵保持新鲜感，每天背诵古诗的花样尽量不同，周一、周二齐背，周三、周四男生背一句女生接一句，周五男生背一首女生接一首。

学生动嘴背起来了，也就没人说话了，即使有个别说话的，大声背诵的声音也掩盖了说话的声音，从整体来看路队比较整齐。

解散环节，通过喊班级口号，增加气势。班级口号，三句话，每句话四个字。第一句，要说明是哪个班，由班长喊；第二、三句要有激励性，全班一起喊。学生们迈着整齐的步伐，有节奏地背着古诗，来到接送区后，路队长整理完队伍，大喊："一班一班！"其他同学一起接着喊："努力前进，勇夺第一！"口号一喊，班级的气势立马就出来了。

每天，放学时抓好集合、行进、解散三环节，良好的班级精神面貌就会展现出来，就能让放学路队成为放学时最亮丽的风景。

4. 关注班级小事，营造感恩文化

班主任不但要管好班级，还要指导学生通过做些实际的、有意义的、力所能及的小事，教会学生懂得感恩。

日常教学中，有的任课老师为了教好学生，培养学生的良好习惯，对学生严格要求，在学生身上付出了很多时间和精力，不但得不到学生的尊重，反而招来学生背地里的反感和谩骂。这说明学生对老师的良苦用心不理解，也说明学生缺乏感恩的心。因此，班主任要在班级中营造出感恩文化，教会学生懂得感恩。

抓住班级生活中有意义的小事，来营造感恩文化，比如有老师要退休了，组织学生编本有纪念意义的文集送给老师。

路老师是我班的数学老师，她与这帮学生相处了四年，在众多任课教师中，她是教他们时间最长的一位。有时路老师会在我面前，得意地夸这群孩子，"咱班这些小孩挺好""咱班这些孩子可爱学习了"……从路老师的话语中能够看出，她是真心喜欢这些孩子。

路老师教完他们这一学期后，便要光荣地退休了。路老师教学很认真，对学生认真负责，在学生身上花费了很多精力，但有些学生对路老师的付出不理解。作为班主任的我，应指导学生理解路老师平时对他们的付出；作为语文老师的我，应教学生用写作的方式表达对路老师的感恩之情，也让路老师因学生的感恩而体会到职业的幸福感。

苏霍姆林斯基说，真正的教育是自我教育。只有让学生自己从内心深处意识到自己的行为存在问题，才能促使他改正自己的行为。让学生对自己行为进行反思的最好办法是写作。写作，能让一个人沉静下来，与内心深处的自己进行对话，能让一个人认真反思自己的所作所为。我决定利用一节语文课的时间，让学生静下心来写写自己和路老师相处的日子，以此来反省一下自己。

先是跟学生交代写作任务和目的。学生明白了为什么要写以及写什么后，才有写作的动力。

课上，我对学生说："路老师教完你们后，就要退休了。她将永远地离开讲台，你们是她教的最后一批学生。路老师是与你们相处时间最长的一位老师。我知道咱们班有些同学背地里叫路老师"抢课王"，讨厌路老师占其他学科的课，但是她是为了把你们教会，这是一种敬业精神。你们上交的每一次作业，她都认真批阅，做错了，让你订正，给你讲解，直到你学会为止……你们作为学生，要学会感恩，感恩那些对你认真负责的老师……下面，请回忆一下，你们跟路老师相处的那些日子，然后用笔写一写你们之间的故事。我将把你们写的故事打印出来，装订成册，作为礼物送给路老师。"

再是让学生静静地回忆、书写。回忆和书写，能让学生静静地反思自己的所作所为。

学生在课堂上静静地书写自己和路老师之间的故事，用一节课，完成了写作任务。与其说是完成了写作任务，不如说是回忆了与路老师相处的点点滴滴，反思了自己的所作所为。有的写向路老师道歉，有的写向路老师表达感谢，还有的写对路老师"抢课"做法的新认识……字里行间洋溢着对路老师的感激之情。通过写，学生理解了路老师，体会到了路老师对自己的付出。

接下来，让学生把手写文稿变成电子文稿，编辑成册。

我没有对他们的文章做任何修改，只是让他们利用周末时间自主修改一下，做到文从字顺，通过QQ把文章的电子版发给我，或拷到U盘周一带给我。

周一上午，刘敬尧走进我办公室，我开始紧张了起来。一般他进来找我都没有什么好事，不是惹事就是闯祸。他递给了我一个 U 盘，说："老师，这是我的作文。"他的这一举动，让我愣了半天。这可真是太阳从西边出来。这次写作没有任何奖励，他倒是主动交了。以前，他的作文在班级作文推荐课上经常被推荐。一旦被推荐的作文发到我邮箱，就意味着能在班级的《习作半月刊》上发表，同时还会获得喜报和 2 个 Q 币的奖励。可谓一举三得，可是他一次也没发过邮箱。然而，这次却不同了，看来他还是比较重视和路老师的情谊。这几年来，路老师为了调动他学习的积极性，可谓操碎了心，让他当数学小组长，给他辅导……付出了很多。他这是在用自己的实际行动向路老师表示感谢。

最后，赠送感恩文集。

教学生感恩，不仅要通过写作引导学生反思自己、表达自己，还应通过仪式，营造出感恩的氛围，教育学生。文集打印出来了，举行一个隆重的赠送仪式。我让班长王雪池代表大家把文集送给路老师，表达班级的敬意，还让每个学生准备一张贺卡，把自己想说的话写在上面，亲手送给路老师，表达自己的感恩之情。

第二天，刚上数学课，王雪池走到路老师跟前说："路老师，您教了我们四年，我们无以为报，请接受我们对您的崇高敬意！"她带领同学们向路老师行了一个队礼，双手把文集送给了路老师。随后，马嘉蔚、傅文宇把两束鲜花送给了路老师，接着每个同学按照顺序逐一把贺卡送了上去。

下课后，路老师抱着一摞贺卡，还有两束鲜花，来到办公室，脸上洋溢着幸福的笑容。

一本饱含学生感恩之情的文集，再加上充满仪式感的赠送方式，让学生把对路老师的感激之情淳朴而真实地表达了出来，也让路老师感受到了职业幸福感。

教师跟学生间的相处，没有什么轰轰烈烈的大事，只有些平平淡淡的小事。在日常的小事中，班主任要教会学生用行动去感恩。教师节，我组织学生自己制作贺卡，赠予任课教师；中秋节、春节，我倡议学生给任课教师发祝福信息；在日常生活中，我还组织学生帮老师做力所能及的事情，比如打扫办公室卫生、提水等。

这批学生升入初中后，时常会抽时间来学校看望老师，有的会捧一束鲜花，有的会带一点水果。他们来到学校后，我会把他们请到教室，让他们跟现在的学弟学妹分享自己的小学生活和初中生活。上一届学生回母校看望老师的行为影响着下一届学生，他们毕业后也纷纷效仿。这种行为，一直在我教的学生中传承着。

感恩，是中华民族的传统美德，也是做人的基本修养。班主任不仅要教给学生知识，还应教会学生感恩，更重要的是在班级里营造出一种感恩的氛围，营造出一种感恩的文化。一个班级拥有了感恩文化，这个班级的班风、学风就会很正，师生之间的关系会很融洽。老师遇到一群懂得感恩的学生，职业幸福感就会倍增。

5. 借助关键事件，缔造团结文化

班主任打造班级凝聚力，缔造班级团结文化，就要通过班级中发生的关键事件，来激发起学生的团结意识。

班级凝聚力，对一个班级来说很重要。学校每学期都会组织一些团体性比赛活动，比如足球比赛、歌咏比赛、运动会等等，以此来打造班级凝聚力。班级凝聚力，虽然能通过一场场比赛打造出来，但更为重要的是班主任要在日常的班级管理中去打造。如何打造呢？借助班级中发生的关键事件，以游戏的方式，让学生做到团结，并体会团结的好处，初步形成班级团结的氛围。进而，由这一件事，拓展到班级中其他的事情，进一步打造出浓厚的班级团结氛围。

小天患有自闭症，说话含糊不清，行为跟正常学生不一样。他从不跟男生玩，女生也不跟他玩，但一下课他总会去招惹女生。不是躲在墙角吓女生，就是打女生、推女生。瘦弱的女生怎能抵得住他的推打？

一天下午的第三节课，我刚到教室，王雪池就告诉我，小天又拿石头丢女生，还丢到薄琬颖身上了，差点丢到刘思宇的头……这是近几天来，他第二次拿石头丢人了。前一次，他在女生厕所前丢女生，被路老师看到后制止了，没有人受伤。因为小天的存在，班里的女生，苦不堪言，没有一点安全感。

小天跟正常孩子不一样，对他批评教育，根本起不到任何作用。只有全班同学团结起来，才能解决这件事。

我便借助这件事，把全班学生团结起来，一起保护女生。为了调动学生参与的积极性，我把解决这件事的过程，设计成了一个游戏。

首先，向学生公布游戏规则及背景。

我在公布游戏时，特意安排崔浩宇把小天叫出教室，为的是不让小天知道这件事。我对学生说："同学们，从今天起我们全班将一起玩一个名叫'保护女生'的游戏。游戏背景是，最近小天经常招惹咱班的女生，甚至用石头丢她们。我们都知道他因为得了一种难以治愈的疾病而跟其他同学不一样，他独自生活在自己的世界里。如果小天用石头丢伤了某个同学，被丢伤的同学会受到伤害，小天也会受到伤害，甚至还会发展成为两个家庭的'战争'。这些，我们都不希望看到。因此，我们一定要团结起来，保护咱班的女生不受伤害。这个游戏就由咱班的男生来做。游戏规则是，课下跟着小天，一旦发现他对女生有异常举动，就大声提醒，或上前制止。男生分成十个小组，每组两人，半天一组，按照时间表进行。当一个小组完成任务之后，就要把'令牌'（为了促使他们之间实现相互提醒，特意用硬纸片做了一个牌子）交给下一组，由下一组去完成这个任务。在你玩的过程中，女生没有受到小天的伤害，就算赢。赢了之后，有奖励哦！"学生了解了游戏背景，就知道了为什么这样做；学生了解了游戏规则，就知道了怎样去做。这样，学生做起游戏来才更有兴趣。

其次，让学生按照游戏规则参与游戏。

在游戏的激励下，班里的男生纷纷响应，积极参与。接下来，一个长算远略的秘密游戏，在班内开始了。第一组同学做得很好，紧跟着小天，他一有什么异常举动，就大声提醒他，他立马收敛起来。上午结束后，他们把"令牌"传给了二组。在游戏过程中，我只起督促作用，每一天都会关注他们有没有按时去做，做得怎么样。

最后，及时总结、奖励。

游戏，要一周总结一次，一是发现存在哪些问题，及时进行纠正；二是要对能体现团结协作的学生进行表彰奖励，号召大家向他学习；三是对所有学生进行鼓励，以便促使他们将游戏坚持到底。

　　游戏进行一周后，我开了一个班会，给在游戏中获胜的学生颁发了"和平小卫士"的奖状，对他们进行奖励，同时还对全班男生进行了表扬。我说："在游戏中，我看到了班里男生的团结。小组内的男生分工明确、配合密切，小组间团结协作，一组完成后把任务及时传递给下一组，才使整个游戏顺利进行，才使女生获得安全。"全班女生把热烈的掌声送给了男生。

　　一段时间过后，女生再也没有向我反映小天招惹她们的事。蒋愉晴在日记中写道："小天现在被男生围得团团转，再也没有时间打我们了，我们终于安全了，谢谢我们班的男生。"

　　通过这件事，女生受到了男生的保护，男生赢得了女生的尊重，他们都品尝到了团结带来的美好。

　　从此，班级里的大事小情，我都会号召他们一起做：暖气片跑水了，学生团结一致扫水；运动会上，运动员参加比赛，其余同学则为他们做好各种服务……班内形成了一种男女生间团结和谐的氛围。

　　班主任打造班级凝聚力，缔造班级团结文化，就要从班级关键事件入手，从班级生活中的小事抓起，以游戏的方式调动所有学生参与到做事中来。慢慢地，全班就能团结起来，形成班级团结文化。

6. 运用两种表扬，构建表扬文化

表扬，是一种有效的班级管理方式，想让学生朝哪个方面发展，班主任就要朝哪个方面表扬。

美国教育心理学家盖杰说，对于教师而言，表扬是最易使用和最自然的、有效的方法。因此，班主任管理学生最有效的方式是表扬，想让学生朝哪个方面发展，就在哪个方面表扬。多表扬、多赞美学生，就能让学生被看见、被认可，就能在班级里构建起激发学生向上的表扬文化，从而使学生获得一种自信和荣耀。

表扬文化如何构建呢？运用两种表扬方式即主题式表扬和随机性表扬，在实际表扬学生过程中，逐渐构建起来。

主题式表扬，也就是在一段时间内确定一个学生发展的主题，围绕这个主题对学生进行表扬。

首先，确立表扬方向，挖掘表扬点。想让学生的行为朝哪个方向发展，就要集中力量朝哪个方向表扬学生。

我发现班级的学习氛围不够浓厚，想让学生朝着好好学习的方向发展，于是就把学习确立为学生努力的方向。我利用班会时间，跟学生聊上一届学生学习的轶事，目的是给他们树立学习的榜样，让他们明确努力的方向。我跟他们讲："上一届学生中，有好几个学生特别爱学习，一遇到不会的题，就跑到老师办公室去问。你们的师哥范世成，有段时间专心研究'鸡兔同笼'这个数学难题，一到下课，就到数学老师那里，去请教。他研究这道题研究到只要看见肯德基就想吐。"全班哄堂大笑起来。我接着说："现在那几个经常到办公室向老师问问题的学生，都考上了咱市里最好的高中，并且还进了重点班，那是专门培养清华、北大生的。他们是你们学习的榜样。只要你们这样做，你们也能考上……"

其次，发现典型人物和事件，及时表扬。及时给予学生表扬，才能激发学生良好行为的发生。

班主任，要有一双善于发现美的眼睛，多去发现学生的闪光点。刚下课，王新轩和王浩然拿着语文书主动到办公室问我"竟然"这个词语的意思。当时，我正忙着整理一份材料。看到她俩拿着语文书来了，不能打击她俩问问题的积极性，停下手头的活，给她俩耐心讲解。我表扬她俩："你们善于发现问题，很会思考。"她俩高高兴兴地回去了。

上课时，我在教室当着所有学生的面，大张旗鼓地表扬她俩说："咱们班的王新轩和王浩然同学，很会思考，也好问问题，主动到我办公室来问问题。我给她俩讲了，她俩会了，你们不问，你们就学不会。她俩在学校就比你们多学到了知识，想一想同样是在学校学习，你们亏不亏？"在表扬她俩的同时，我也有意地激励其他学生。学生的行为需要靠表扬来固化，也需要靠表扬来激励。

第二天，刚下课，我走出教室，她俩追上我，问我问题。上课时，我又在全班表扬她俩："王新轩和王浩然，今天又问了我问题，她俩很会学习。我给她俩仔细讲了一遍，她俩听懂了。咱班也有上'一对一'课外辅导的同学，上这样的辅导班很贵，一个小时至少一百元吧。你们仔细想一想，课下自己去问老师问题是不是给你'一对一'辅导啊？"

课下，问问题的学生逐渐多了起来。他们不但问语文，还问数学、英语。在办公室，经常能看到他们问问题的身影。

学生在学习上取得了进步，要在班里表扬，让其他同学知道，向他学习，还要告知他家长，让家长为自己孩子而感到自豪。这样，学生就会拥有更大的学习动力。

再次，采用多种形式，进行多样化表扬。形式多样的表扬，更能使学生的良好行为保持长久。

一个阳光明媚的下午，大课间，学生在操场上奔跑、嬉戏。我从办公楼向教学楼走去，突然发现校园的石桌上坐着两个熟悉的背影。走近一看，是王皓彬和张鹤松在写作业。"呵呵，这可真是太阳从西边出来啊!"我一边想，一边掏出手机，把他俩的背影拍了下来，立刻发到家长群里。然后，在群里说："在嘈杂的校园里，两位专心学习的孩子，为他们点赞。"有几位家长也跟着在群里为他们点赞。不到两分钟，王皓彬爸爸在群里回复了一句："第一次受到表扬，心里美美的。"

自从我在校园内拍了他俩后，越来越多的学生加入到了课间做作业的队伍中。我每天把课间做作业的学生照片发到家长群里，学生高兴，家长更高兴。

每次上课前，我都会把问问题的同学表扬一番，把上课积极举手回答问题的同学表扬一番，把课间做作业的同学表扬一番……仅靠我自己无法发现所有问问题的同学、认真学习的同学，仅靠我自己去表扬，力度毕竟有限。我就发动学生，每天轮流上台表扬自己发现的问问题的同学和认真学习的同学。用语言表达是表扬，往群里发图片是表扬，在群里点赞也是表扬。不仅我表扬，学生表扬，我还发动家长表扬。大家一起表扬，在持续不断的表扬中，在多种多样的表扬中，学生问问题的多了，课下学习的也多了，积极学习的氛围越来越浓了。

随机性表扬，也就是每天发现学生的优点或进步，并对其进行表扬。随机性表扬，没有特定的主题，随时发现，随时表扬。发现学生什么优点，就表扬什么；发现学生什么进步之处，就表扬什么。比如，学生打扫卫生时，有学生打扫得特别认真，就在教室里大声表扬，某某同学干值日真认真，打扫得真干净；跑操时，有学生跑得很整齐，就表扬某某同学跑步很整齐；某个学生的作业认真，就表扬他写作业认真等。总之，班主任要随时对学生进行表扬。

《钝感力》的作者渡边淳一说，人就是这样，被他人毫不犹豫地多夸几次，慢慢地自己也会觉得是那么回事了，也会朝那个方向去努力。班主任面对学生的不足，多表扬少批评或不批评；希望学生怎样做，就在课堂上怎样表扬学生；希望学生做什么，就在课堂上表扬什么；希望班级形成怎样的氛围，就在班里怎样表扬学生。班主任不仅要自己表扬，还要调动学生、家长一起表扬，在班级中形成表扬的氛围。在这种氛围之下，学生也就拥有了荣耀感。

7. 组建学习小组，打造小组文化

在班内组建若干个学习平行小组，通过比赛的方式营造出组内互助、组间竞争的学习氛围。

学习，是件枯燥的事，学生学着学着就容易厌倦。要解决这个问题，最简单的办法，就是在班级里成立多个学习小组，在学习小组上大张旗鼓，打造出相互帮助、彼此赶超的小组文化。

为提高语文课堂学习效率，我根据班级人数划分成十二个学习平行小组，每组四人，在班内形成了一种小组间相互竞争、小组内相互帮助的学习氛围。

每个学习平行小组包含四种不同学习水平的学生。为了便于开展学习比赛，给每组的学生编了号：成绩不理想的为1号，稍好点的是2号，较好的是3号，成绩优秀的为4号。给学习成绩不理想的学生编1号，一是为了在编号上用数字给他一种鼓励，二是为了不让他产生自卑。

学校采用传统的座次排列——两人同桌。若改为两人面对面的小组座次，则不利于其他教师上课。有句话说得好："山不转，水转；水不转，人转。"在保持原来座次排列的基础上，为方便小组交流，上语文课时我让学生带着自己的文具、书等学习用品到指定的小组位置，分组而坐，美其名曰"换桌上课"。

上课时，为了能把每个小组一眼区分出来，同时彰显出小组的个性，让每个小组制作了席签。席签内容主要包括组名和口号。每节语文课一开始，按小组的先后顺序，喊出小组口号。

　　组："　　组，　　组，永远第一。"

二组："不抛弃，不放弃，向前，向前，勇向前！"

三组："好好学习，善于发问，努力探索，超越学霸。"

四组："人生百般滋味，学习需要笑对。"

五组："知识是我们的财富，团结是我们的荣耀。"

六组："上学虽易，学习不易，且学且珍惜。"

……

每个小组的口号都充满着激情和活力，口号一喊就令人热血沸腾。每节课喊喊口号，能激发出学生学习的热情。

为了促进小组间的竞争，上课会进行各种比赛，比如读课文比赛，比一比哪个组读得正确、流利、有感情；听写比赛，比一比哪个组正确率高；作业比赛，比一比哪个组作业交得全；等等。有比赛，就有排名，排名在最后的两个组，就要接受惩罚，比如为全班表演节目，教全班唱首歌等。

学生为了能赢得小组间的比赛，就要做到小组内互帮互助，形成学习合力。我跟学生讲："在《三个火枪手》里有这样一句话——'All for one, one for all'，意思就是集体要为每一个成员着想，每一个人要为集体着想。所以，你们要学会团结，学会相互帮助。中国有句古话叫'穷则独善其身，达则兼济天下'，我感觉这句话放在我们小组学习上非常合适。假若你的学习成绩不怎样，你就要管好自己，把自己的学习搞上去；假若你的成绩不错，那么你就要帮助其他同学……"

为实现小组成员间的相互帮助，只跟他们说这一番话还不够，我单独找各个组长交流，给他们分任务，压担子，目的是让他们帮助自己的组员。

我跟他们讲："决定一只木桶盛水量多少的，不是最长的那块木板，而是最短的那块。所以，只有把最短的木板加长，才能增加木桶盛水量。这就是著名的'木桶效应'。你们的小组就如一只木桶，决定你们小组成绩好坏的不是成绩最好的同学，而是成绩最差的同学。你们这些组长学习成绩都不错，要想提高你们小组的学习成绩，就得帮助学习差的同学提高成绩。"

课下，我在教室里时常会看到组长们主动辅导组员的情景。同学间，在学习上相互帮助，老师就会轻松很多。有的学生害怕到办公室找老师辅导，由组长在教室给他们辅导，他们倒挺愿意学。

前段时间在课堂上听写，小蔡写得不好，经常给自己组丢分，导致他所在的组在听写中排名比较靠后。薄琬颖利用下课时间给他听写，他虽然很不情愿，但还是写了起来。

上语文课，听写完之后，小蔡只错了两个，出乎我的意料。这次听写，五组排名由最后排到了第二。

我在班上说："这与组长对他的帮助有关。在课前，人家组长给他提前听写了，希望其他小组跟他们学习。"

这一番表扬，不但肯定了他们组，而且还鼓舞了其他小组。

学生组成学习小组，上课时围坐在一起，喊喊口号，提振精神，举行小组竞赛，形成组内互帮互助，组间"比、赶、超"的小组文化，为学生的学习加足了劲。

8. 建设共享专区，打造共享文化

让学生把书、文具带到教室共享，不但能培养学生的公益心，还能在班里营造出一种温暖的学习氛围。

一年级总有学生很粗心，上学有时忘带学习用品，有时忘削铅笔，用着用着，笔尖粗了……别看这些粗心行为很小，但严重影响了学生的课堂学习。因此，必须想办法解决。

首先，组织学生畅所欲言，谈一谈自己忘带学习用品的经历，以便引起学生彼此间的共鸣。

我对学生说："同学们，你们上学时，有没有出现过忘带铅笔、橡皮、练习本等学习用品的困难情况？"学生七嘴八舌地说着，有的说，忘带铅笔，没法写字；有的说，忘带橡皮，写错了字，没法擦；有的说，铅笔粗了，写的字不好看……一说不得了，没想到有这么多学生遇到过这种情况。大多数学生出现过这种情况，一定深有感触，这为下一步解决问题，做了铺垫。

其次，巧借生活现象，引导学生思考解决问题的办法。

我问学生："遇到这种情况，该怎么办？"窦睿荣说："向其他同学借。"我说："借太麻烦了，谁有更好的办法？"没人能回答。子曰："不愤不启，不悱不发。"我见学生想不出更好的办法，意识到引导他们思考的绝佳机会来了。

我在大屏幕上投了一张共享单车的照片，问："这是什么？"

大家齐声道："共享单车。"

"它有什么作用？"

郭修廷说:"它能给人们的生活带来便利。当我们骑的电动车没电了,可以骑着共享单车回家。"

我表扬他说:"你回答得真好。当我们要去某个地方时,等公交时间太长,打车又嫌贵,可以从大街上随便骑一辆共享单车。"

我又投了共享充电宝、共享雨伞的照片,以便打开学生的思路。我跟学生说:"当我们外出,手机没电了,可以用共享充电宝,给手机充电。当下雨时,没带雨伞,可以使用共享雨伞。在生活中,共享的现象比比皆是。不管是共享单车,还是共享充电宝、共享雨伞,它们共同的优点是能帮人们解决生活中的困难。那么同学们在学习中遇到的那些困难,该如何解决呢?"

庞清滢淇说:"我们可以共享铅笔、橡皮、笔记本。"

经过一番引导之后,终于有学生说了出来。我冲她竖起了大拇指:"你的这个办法真好!如果你们愿意跟其他同学共享,明天可以拿来。"

第二天,有几个热心的学生带来了共享的学习用品。窦睿荣、刘津宏、冯诒婷共享了铅笔,尹子岩共享了橡皮,郭修廷、王晓晨共享了本子。我让每个共享的同学,在自己共享的物品上写上自己的名字。我在班级后面的书架上专门开辟了一个地方,用来放学生共享的学习用品。

引导学生思考采用共享的办法解决问题的过程,虽然有点漫长,但是经过引导,共享的理念已经扎根于学生的思想之中,接下来就是在生活中践行"共享"。

我指着教室后面的共享专区,对学生说:"如果有学生出现了忘带铅笔、橡皮等学习用品的情况,可以到后面的共享区自己拿,用完后及时还回去。为了表达对提供共享物品的同学的谢意,你在使用前,不管拿到谁共享的物品,都要到那个同学那里说,谢谢你共享的物品,帮我解决了困难。"

有学生能够把自己的物品,拿到班里与其他同学分享,说明这些学生有爱心。学生在使用时,对他们说声谢谢,是对他们这种行为的感恩。此外,我还给每一个共享物品的同学发了一张奖状,这是对他们行为的肯定,也号召大家向他们学习。

　　后来,我们根据学生在班级生活中的实际需要,还陆续共享了跳绳、卫生纸、创可贴等,以便给急需的同学提供便利。渐渐地,每个同学都成为了班级共享者,每个同学也从共享中享受到了便利,感受到了彼此之间的爱心和温暖。

9. 创办班级刊物，形成班刊文化

一本小小的班刊，记载着师生共同走过的岁月，联结着师生间浓浓的情谊，珍藏着学生美好的童年。

著名心理学家阿德勒说，幸福的人用童年治愈一生。由此可见，童年是人一生中最重要的阶段。学生的童年，是在小学阶段度过的。小学生活，可以说是学生求学生涯中的一段美好旅程。作为小学班主任，有必要帮助学生把这份美好的童年时光储藏起来。储藏童年最好的办法，就是通过创办班刊，引导学生用笔记录美好时光。

创办班刊可分三个阶段来做。

第一阶段，初次创办——激发学生兴趣，师生共同创办。第一期班刊的创办，学生兴趣是关键。班主任要激发学生创办班刊的积极性，争取让所有学生都参与进来。

一日，我在班内对学生说："同学们，老师想在班里和同学们一起创办一本专门发表你们文章的刊物。"他们听了后，脸上露出了不可思议的表情。在他们看来，刊物是一种高大上的书籍，我们根本不可能创办出来。

我说："不要把杂志看得那么高大上，不要把创办杂志看得遥不可及，其实很简单的。我们一起给它取个名字，划分几个栏目，杂志的文稿从咱们班中征集，你们都是小作者，仅此而已。最重要的是，杂志完全由你们自己编辑。下面，分组讨论刊物的名字以及栏目。"

他们开始热火朝天地讨论起来。

二十分钟过去了，我让他们轮流上台汇报，把每一组的思考一一写在黑板上，然后投票决定采用哪一组的名字。《奇迹班的故事》这个名字，备受同学们喜爱，因为我们的班名是"奇迹班"。

经过大家讨论后，班刊已有了雏形，栏目确定为：奇迹班的故事——专门写班级里发生的事情；一步一个脚印——写班内某位同学的进步；我的童年我做主——写童年的故事；奇思妙想——写奇特想法；绘画童年——展示学生的绘画作品。

为了能把班刊办好，我指导他们怎样写稿，怎样投稿，怎样改稿。我对投来的稿件进行筛选，最终录用了阮浩月的《一次出乎意料的背诵》《最令人难忘的时光》，刘瑞琳的《奇迹的发生》，侯亚凝的《童年趣事》，王一鸣的《瓜子画笔》等。

我把电子稿排好版后，从文印室打印出来，让擅长画画的李怡琦，结合文章内容绘制花边和封面。课上，我拿着班刊对学生说："这份班刊是限量版哦，我们班仅此一份，封面及花边是李怡琦同学手绘的，很珍贵，大家一定要好好珍惜，把它保护好。课间，大家可以相互传着看一看。"

课下，同学们都被这本班刊吸引了，围在一起津津有味地读着。还有的学生把它带回家细细品读。这一本融入了所有学生思考和劳动结晶的班刊，学生对其产生了浓浓的情感。

第二阶段，自主编辑——成立编辑部，学生自主编辑。一本完全由学生自己编辑的班刊，才有价值和意义。经过第一期班刊的成功创办，学生参与的积极性被激发了出来，接下来就要把班刊交给学生，让他们自主征稿、选稿、编辑，我负责指导、打印。我在班里招募了陈欣、王一鸣、阮浩月、张瑞宇、姜睿芯、王凌洁、李枢柠几位有责任心、喜欢写作、懂创意的学生，组成了编辑部。

我们召开编辑会，一起商定了分工与完善班刊栏目等事项。经过大家商讨后，班刊的栏目更加丰富：

卷首语（田老师写给学生的话）；

奇迹班的故事（班级里的大事小情，陈欣负责）；

成长风铃（学生成长的故事，李枢柠负责）；

妙笔花篮（优秀学生作文，王凌洁负责）；

个人专栏（连载学生的个人长篇作品，阮浩月负责）；

童眼看世界（学生对社会现象独特的看法，姜睿芯负责）；

个人风采（展示学生在各方面的风采，主要是在各种赛事中的获奖情况，王一鸣负责）；

趣味列车（学生原创幽默小笑话，张瑞宇负责）。

丰富的栏目设置，更能从不同方面展现出他们多姿多彩的小学生活。

接下来，他们便开启了忙碌的编辑生活。小编辑们自主征稿、修改、定稿，不明白的地方我指导。

班刊，一月一期，一直办到他们毕业。每一期只出版一本，找一个学生绘制封面和花边，做成限量版，大家轮流看。物以稀为贵，限量版的发行，大大激发了他们阅读的兴趣，让他们对班刊充满了喜爱之情。

第三阶段，出版合集——毕业前出版班刊合集。在学生毕业前，把出版的所有班刊，编辑成册，每人发一本。

他们临毕业前一周，我从班里招募了几位编辑，让他们对出版的每一期班刊的电子版进行整理，最后整理成一本班刊合集。

在他们毕业前一天，我把班刊发给他们，说："你们还有两天就要毕业了，我把一份记录你们童年时光的班刊，送给你们，每人一本。"

他们拿到后，兴奋不已，认真地、快乐地、幸福地读着我们一起走过的岁月，有的学生读着读着笑了，有的学生读着读着哭了……

我说："你们拿起彩笔，装饰一下班刊，在封面上、内容页上画上自己喜欢的画，这样就变成属于自己的班刊了。"

班主任工作虽然很忙，但是再忙也要自己办班刊，绝不能交给家长或者打印社。因为，班主任跟学生一起动手创办、编辑班刊，就是与学生一起编织美好的班级生活。

　　班刊不仅受到了学生的喜爱，还得到了家长的认可。每教一届学生，我都会与他们一起创办班刊。每带一个新班，我都会让他们读一读上一届学生的班刊，感受一下上一届学生的班级生活。毕业的学生，时常会来学校看望我。每每跟我聊起小学时光时，总会聊到那份班刊，因为那里有他们的美好回忆。

　　欢笑与泪水，高兴与伤心，合作与竞争……编织成了美好的班级生活。美好的班级生活，是学生美好童年的一部分。班主任带领学生，每月出一期班刊，用文字记录下一起走过的日子。毕业时，再出一本班刊合集，让学生自己用画笔装饰成属于自己的限量版班刊，将一起走过的日子好好珍藏。若干年后，当学生想念自己童年时，翻出班刊，读一读，看一看，那些文字将化成美好的回忆。

10. 举行毕业庆典，构建毕业文化

在学生毕业的那一天，班主任在班里，用一本同学录、一段视频、一首歌曲，给学生举行一场属于自己班的毕业庆典，为小学生活画上圆满的句号。

毕业庆典，是小学生求学生涯中最重要的一个庆典，因为它能给小学生的学习生活画上圆满的句号。唯有融入共同生活印记的庆典，才能走进学生内心深处，打动学生，给学生留下深刻印象。

班主任应从接手一个班级的第一天起，就为学生的毕业庆典做准备——在学生的日常生活中抓拍照片、录制视频。唯此，才能到学生毕业的那一刻，办出打动学生的毕业庆典。

第二届学生，我教了他们两年。在这两年里，我给他们抓拍了大量照片，这为我给他们制作毕业视频提供了素材。他们毕业的那一天，我在教室里给他们举办了一场难忘的毕业庆典，共分四个环节。

环节一，写同学录。毕业班的学生，会在毕业前很长一段时间，自发地写同学录。学生过早地写同学录，毕业的氛围就会被早早地渲染起来，一是影响了学习，二是到了毕业时刻，那种毕业的感觉早已消失得无影无踪。因此，班主任要及时制止，告诉他们只有在毕业的那一刻写同学录，才能写出毕业的真情实感，写出自己的心里话。毕业那天，我让他们在教室里写同学录。他们先是低着头，忙碌地写着毕业留言，彼此写完后，再到办公室找老师写留言。毕业的氛围，在写同学录中被渲染了起来。

环节二，观看毕业视频。这是毕业庆典的高潮部分，学生难舍难分的情感在此得到了升华。毕业视频，是用抓拍到的学生日常生活照片和视频制作

而成，原汁原味地保留了他们的生活印记。它是师生共同走过的岁月缩影。毕业视频中的背景音乐，选取的是跟毕业有关的音乐，以此渲染离别的气氛。

学生写完同学录后，我对他们说："同学们，请把同学录收拾好，我们一起回顾共同走过的美好时光。我与你们已走过了近两年的时光，在这两年里既有痛苦又有欢乐……"

说着，我在电脑上打开了一个视频。为了做这个视频，我利用一周的时间，从两年来抓拍到的几百张照片中挑选出精彩照片，分门别类地制作而成。这里面有我与他们第一次相见的场面，有他们课间玩耍的样子，有他们出色表现的时刻，有他们参加学校活动的情景，有他们调皮捣蛋的瞬间……学生们看着往日熟悉的场景，开始慢慢地流下了眼泪，有的泣不成声，有的小声啜泣……平常几个最调皮的学生，也不停地用手擦拭着眼泪。

这些场景勾起了他们美好的回忆，可是曾经的日子，不会再有了。此时此刻的离别，唯独用眼泪才能表达。或许，流泪是唯一可以表达他们此刻内心感受的一种方式。

环节三，齐唱全班创编的毕业歌。我打开伴奏，全班一起唱响《充满奇迹的日子》："开始的开始，我们都是孩子……"歌声在教室回荡，往昔美好的小学生活，在他们脑海中一一浮现，开始他们唱着唱着笑了，后来唱着唱着哭了……离别时的不舍与伤感再次得到升华。

环节四，送学生离开校园。毕业歌唱完，庆典也到了尾声，我对学生说了一番藏在心底的话："在这两年里，我可能误会过某些同学，也训过某些同学，有许多做得不好的地方，请同学们原谅……"我深深地向同学们鞠了一躬。他们用掌声回应了我。

我接着说："历经两年的生活，今日终将一别……今日的离别，是为了明日更好地前行……同学们，向着美好的明天前行吧！祝同学们一路顺风！"当我打开教室的门，准备送他们离校时，出现了一个令我意想不到的小插曲，王雪池突然站起来，走到我面前说："请田老师留步。您教了我们这么多年，教给了我们很多。"此时的她，已经开始哽咽。"感谢您为我们付出了这么多！"她向我行了一个队礼说，"全体同学起立，敬礼！"此时，所有的同学都站了起来，向我敬礼。我内心极为复杂，一时不知说什么好，哽咽地说："谢谢同学们！"王雪池把自己制作的贺卡送给了我，其余的同学陆续送来自己亲手制作的贺卡。

贺卡上写着：

教了我两年的田帮主：

您好！

在这两年里，您为我们呈现出了精彩的课堂，每一节课我们都好像是在探险。您总能提出各种新奇的想法，今天，在这里我要谢谢您！

虽然您是老师，但当您有了失误时，也会勇敢地在同学们面前承认自己的失误。这让我知道了做一个诚实、有担当的人是多么伟大。是您教会了我们写日记，让我们记录生活的点点滴滴，让往事不再成为回忆。虽然我们只相处了两年，但是要离开您了，内心非常不舍。

最后，祝您工作顺利，万事如意。

奇迹班第二届毕业生
刘思宇

亲爱的田帮主：

转眼间，您已经教了我们两年。在这两年里，我们都对您产生了浓厚的感情，而且您的教学方法和别的老师大不相同。什么奇迹币啦，月末影院啦，拍卖会啦，等等。

我们即将分开，真不舍啊！

最后，祝田帮主永远年轻，天天 happy！

奇迹班第二届毕业生
赵梦珂

送给田帮主的话：

您，是一位特殊的老师

您，是一位幽默的老师

您，是一位头上会"冒火"的老师

您，是一位能用眼神"杀"死人的老师

您，更是一位让我懂得人生哲理的老师

奇迹班第二届毕业生
蒋愉晴

"老田"，多么像朋友间的称呼，您和我们就像朋友一般。您只教了我们两年，可这两年中，是您，让我们飞一般地成长。

您为我们做了许多：寻找奇迹、每日播报，让我们学会细心地去寻找身边的一切；奇迹班银行，让我们明白了只要有所付出，就会有所收获……这些，都是我们从课本上学不到的。

奇迹班第二届毕业生
卜梦凡

从您刚接我们这个班，我就知道您是一位非常有责任心的老师。

您对待工作一丝不苟，对待学生认真负责，是一位和蔼可亲的老师。

您待人和蔼，布置作业有质量，不给学生过多的压力，是一位受人爱戴的老师。

您风趣幽默，能从快乐的学习中让我们学会很多的知识，是一位有趣的老师。

您跑步速度飞快，令人瞠目结舌，您上楼不喘一口气，会凌波微步，是一位活力四射的老师。

>奇迹班第二届毕业生
>
>王雪池

……

当老师心里装着学生,为学生付出情感,学生心里也会装着老师。

他们像往常那样,站好队,我把他们送出了校门。

"老师,再见!"

"同学们,再见!"

学生毕业时,学校会为毕业生举行隆重的毕业庆典。作为班主任,更应为学生举行一场属于自己班的毕业庆典。不管学校的毕业庆典多么华丽、多么精彩,都无法替代班级毕业庆典。班级毕业庆典,无需器乐演奏,无需歌舞表演,更无需领导讲话,只需通过一本同学录、一段毕业视频、一首毕业歌曲,一起回味师生间共同走过的那段岁月,就能给学生留下深刻的印象。

第二章　开展富有创意的班级活动

朱永新说，每个老师都是自己教室的国王，关起教室的门，就有施展才华的空间。班主任可以关起教室的门，自由自在地在自己的教室里，开展一些好玩的、有趣的、新颖的、深受学生喜欢的班级活动。这样的班级活动，就是有创意的班级活动。有创意的班级活动，不但能使单调乏味的班级生活变得丰富、有趣起来，而且还能让学生在活动中得到锻炼，让学生喜欢上这个班级。

如何开展有创意的班级活动？可以从以下两个方面开展：

一是从学生的活动中生成有创意的班级活动。在生活中，学生会做出一些有创意的举动，班主任可以从中获得灵感、得到启发，把学生活动开展为班级活动。

二是基于班级问题开展有创意的班级活动。面对班级中出现的各种问题，比如不遵守纪律、不干值日、给他人取不文明的外号等。班主任可以通过开展一个个新颖的、有意思的班级活动来解决，而且还能有效地教育学生。

11. 特殊节日，拉近师生距离

遇到特殊节日，班主任放下老师的架子，和学生玩一玩，闹一闹，就能拉近师生间的距离。

儿童的本性爱玩。节日对他们来说，就是用来玩的。学生对各种节日极为热衷，只要是节日，他们都过，就连愚人节这个如此特殊的节日，他们也要过，因为好玩。面对学生的过节行为，班主任不要制止而是要与学生一起过，借此拉近师生间的距离。

三月底四月初的春天，花草树木早已发芽，校园里处处洋溢着春的气息。愚人节这天，我早早地来到教室，教室里已经有了三四个学生。我在教室里批作业，杨帆一见到我便说："老师，您掉了十元钱。"我先是一愣，后一想，今天是愚人节，她这是要愚弄我。我没有生气，而是配合她，笑着问："真的吗？今天我没带钱。"她自言自语道："啊！太失败了。"不一会儿，姜睿芯背着书包，一蹦一跳地进了教室，一本正经地对我说："老师，您的鞋垫出来了。"有了杨帆的一番愚弄后，我自然明白了她的意图，双手一伸，配合着说："抱歉，今天我没垫鞋垫啊。"她双手掩面："失败！"其他同学看到她失败后，哈哈大笑。

当学生能主动跟老师开玩笑时，就说明在学生眼中这位老师没有架子，值得去亲近。所以，当学生用幽默的语言与老师对话时，老师也要用幽默的语言进行回答；当学生主动跟老师玩耍时，老师也要配合着学生去玩耍，这样才能拉近师生间的距离。配合学生只是拉近师生关系的第一步，此外，还要选好时机主动和学生玩。

上课时，我一本正经地对学生说："在正式上课之前，下个通知。"我停顿了一下，接着说："下了第一节课，放假一天，明天继续来上学。"有学生欢喜："耶，太好了！"有学生却意识到我在愚弄他们："不可能，不可能……"还有的学生说："今天是愚人节。"我随即在黑板上秀了一下自己的英语功底："Happy April Fool's Day!""来，我们一起大声读出来……"向来上课严肃的我，这下改了风格，也幽默了一把。我笑着说："你们愚人的技术要进一步提高，今早上两位同学要愚弄我，都被我识破了，主要是技术含量太低。"

愚人节这一天，在课堂上主动和学生玩，能让学生感觉到这位老师和蔼可亲，容易亲近。有家长评价说，在所有老师当中，田老师最能跟学生打成一片。

我在课堂上的愚人行为，一下子激发了他们的愚人兴趣。他们决定在数学课上，集体愚弄数学杨老师。课下，姜睿芯与几个同学商量愚人的技巧。杨老师来到教室后，感觉到了一丝异常，往日课前吵吵嚷嚷的局面没有了。他们看到杨老师惊讶的表情，不由得笑出了声。他们有些迫不及待了，杨老师迟迟不说上课，于是就对杨老师说："老师，快点说上课啊！""上课。"姜睿芯喊："起立！"他们就异口同声地喊："老师再见！愚人节快乐！"逗得杨老师哈哈大笑，他们也笑了起来。那节课，杨老师本想批评一番那些没完成作业的学生，最终被开心驱散了心中的火气，一节课过得很开心。"下课！""老师，您好！"哈哈……笑声，在教室里回荡，杨老师和学生间的距离也拉近了。课间，他们忙着四处愚人——"你的鞋带开了。""孙鑫，有人叫你。""吴成龙，老师叫你去他办公室。"……这一天，我没有制止他们的愚人行为，而是跟他们一起愚人，他们过得异常快乐、有趣。

教师跟学生之间良好关系的建立，主要是通过彼此间的互动。平时在课下，都是学生自己玩自己的，老师很少去跟他们互动。借助学生发起的活动，放下师道尊严的架子，与他们一起玩，就能跟学生打成一片。

除了学生喜欢过的特殊节日，班主任在日常生活中，还要善于发现学生做的趣事，适时介入，通过默许、配合等方式，跟他们实现友好的积极互动。在互动中，师生之间的距离就一点点拉近了。距离拉近了，就有了好的关系，也就有了好的班级管理。

12. 物品拍卖会，激发积极性

学生在教室里，做事情不积极、不主动，那就每月举办一次具有激励性的班级活动——物品拍卖会，激发学生的积极性。

我在班里创建了班级银行，学生在自己的劳动岗位上通过劳动，每周都能获得相应的劳动报酬。为了更大程度激励学生做事的积极性，每月举行一次物品拍卖会。

在物品拍卖会举行前一周，要为拍卖会做好以下准备工作：一通知学生准备拍卖的物品，二选好拍卖师，三参与拍卖的学生到拍卖师那里登记好姓名、物品名称、起价、加价等。

举行物品拍卖会时，用幻灯片来烘托拍卖会的氛围。每次，我把幻灯片往大屏幕上一投，学生看到"奇迹班物品拍卖会"这几个字，都会欢呼雀跃起来。

拍卖会正式开始前，拍卖师公布拍卖会流程和规则："我们的拍卖会规则是这样的，先请参与拍卖物品的同学上前简单地介绍一下物品，然后，报一下物品的起价及加价。想买的同学就举手竞价，每举一次手就加一定的价格，谁最后出的价格高，物品就归谁。一旦交易成功，不得退货。如果在竞买过程中，因自己的班币不够了，可以当场申办信用卡，透支班币。办信用卡的前提是，你必须讲诚信，不曾撒谎。"

拍卖会的规则讲清楚后，拍卖会正式开始，拍卖师按照提前登记的顺序组织学生上台拍卖。

第一个上台拍卖的是班上最内向的孩子——高猛。他平常上课从不举手回答问题，班内举行的活动也都不参加。这次，他能主动参加，简直是对自己的一种突破。他拿着手中的工艺品向同学们介绍说："这是我自己拼装的一条龙，在家放着也没有用，我拿来拍卖，起价是 3 个班币，每次加价是 1 个班币。"当他一说完，十多个学生举起了手。拍卖师在一旁说："4 个班币第一次……4 个班币第二次。""5 个班币第一次"……举手的越来越少了。"8 个班币第一次，8 个班币第二次。"拍卖师注视着同学们，这时只有杨梦浩举着手。气氛不由得紧张了起来，杨梦浩面部表情严肃，用牙咬着嘴唇。此时的他，有些紧张，生怕别人再出价。"8 个班币第三次，成交。"高猛喊了一声："耶！"他把拼装的龙送到了杨梦浩的手里，这时的杨梦浩脸上露出了笑容。其他同学也投去了羡慕的目光。"这是本次拍卖会上，第一个成交的物品，你俩到前面来，我给你们拍照。"他俩笑嘻嘻地站在讲台前，同时拿着那条龙。我用相机给他们定格了成交的喜悦。

……

小蔡是一个比较难管的学生，作业不交，值日不认真干……平时给他讲了很多道理，曾鼓励过他、批评过他，可是不起任何作用。因为被扣了很多班币，又不爱劳动，几乎没有存下任何班币。自己看中的物品无法竞得，只能干瞪眼，不免有些伤心。

小群是一个遇事不担当，有时爱撒谎的学生。我曾对他进行多次教育，给他讲关于讲诚信的故事，可是毫无任何作用。他在竞买图书时因差 0.5 个班币而没能竞买成功，对我说："老师我可以办信用卡吗？"其他同学听到后，一片唏嘘声。他不好意思地瘫倒在自己的座位上。

尹子源在拍卖会上见一个，竞买一个，到最后班币全部花完。

……

物品拍卖会上，有学生竞拍到了自己心仪的物品，有学生卖出了自己想卖的物品……

物品拍卖会，不仅实现了物品的买卖，更重要的是让学生有所收获。拍卖会结束后，我让学生谈谈自己的收获。小蔡说，这个月只知道玩了，没有挣班币，下个月要努力挣班币，争取买到自己想买的物品。我鼓励他，多劳多得，下个月加油。小群说，以后再也不撒谎了……

接下来的日子，小蔡逐渐地交作业了，也能认真干值日了；小群很少撒谎了；尹子源，更加努力地挣起了班币……

物品拍卖会，不仅促进了班币的流通，还让学生在拍卖过程中体验了一把真实的生活，进而激发了学生做事的积极性。

13. "开心一刻",帮助学生遵规守纪

把学生做过的调皮事,以娱乐的方式呈现出来,让他们乐一乐的同时,还能让他们在纪律方面有所收敛。

每个班都会有几个调皮捣蛋的学生,在他们的影响下其他学生也会跟着皮起来。常规的教育方式很难改变他们时,不妨采用非常规的教育方式。

我接手的这个班,有几个学生特别不安分,喜欢做搞怪的动作,喜欢做跟集体活动不协调的事。其他学生还跟着他们模仿这种不良行为。对他们进行批评教育,一点儿用都没有。既然他们喜欢玩,我就抓住时机,用相机捕捉他们的搞怪动作,制作成幻灯片,把他们的不良行为,呈现在全班学生面前,取名为"开心一刻"。一来给他们的行为曝曝光,杀杀他们的威风;二来警示一下其他学生,不要模仿这些不良行为。

首先,以搞笑的方式曝光学生的不良行为。

下午上课前,我把精心制作的幻灯片投到了大屏幕上。同学们一看大屏幕上出现了"开心一刻"四个字,便鸦雀无声地端坐好。

我说:"下午上课,容易犯困,我们先开心一下,提提神,但你们一定要hold住。"那几个男生把嘴巴闭得紧紧的,把腰板挺得直直的。

我一点鼠标,出现了一行字:"温馨提示:笑死不偿命。"此时,幻灯片的背景音乐——搞怪笑声,已经响起。在温馨提示和背景音乐的带动下,班级的气氛——笑,已经起来了。那几个男生已经憋不住了,但还是使劲憋着。

接下来,便是主角出场了。

场景一:眼操开始后,一双双闭着的眼睛后面,小浩的眼睛得溜圆,格

45

外醒目。

我一点鼠标，一个红圈把小浩的眼圈了起来。同时，出现了一行俏皮的字："瞧！这个小哥的眼，多亮！"大家看后，哈哈大笑。我注意到，小浩看到幻灯片后，也跟着笑了起来。本应是闭着眼认真做眼操，可是小浩却瞪大眼睛四处乱看。

场景二：在揉四白穴时，小正把嘴撮得很长；小杰用力揉自己的脸，胖乎乎的小脸带动着小嘴，怪相百出。我一点鼠标，两个红圈分别把他俩的嘴给圈了起来。出现了一行俏皮的字："瞧！这俩帅锅，奇葩啊！"大家看后，又是一阵哈哈大笑。他俩的出场，把班级的氛围带到了高潮。我发现已经有同学笑得脸通红，还有的已经捂着肚子……

场景三：同学们在做眼操，小群，挺着腰，低着头，一只手放在眼上，装作做眼操状，另一只手却拿着笔写作业。

一点鼠标，"瞧！我们班的学霸啊"。全班，又大笑起来。

最后我也把自己幽默了一把，出了一行字："瞧！这老师，抓拍技术忒高了！"哈哈……又是一阵笑声。

以上学生在做眼操过程中的表现，已经不是一次两次，而是多次。如果只是单纯地把他们违纪的照片展示在全班面前，那么就是对他们的一种严厉批评，会让他们在同学面前很没面子。播放这一组幻灯片后，我没有引导学生去讨论这些学生身上出现了哪些违纪行为，而是充分利用了幻灯片中的动画特效把他们的不良行为呈现出来，用搞笑的背景音乐和文字，烘托出幽默的氛围，让严厉的批评变得柔和起来。这样，他们会更容易接受些，也会自觉地改掉。

其次，以静态方式曝光学生不良行为。

调皮捣蛋的学生，还在跑操过程中做出不协调的动作，我把这些动作也拍下来，做成幻灯片。

场景是，我班与其他班一块排着队，带出教学楼，准备跑操。

第一组幻灯片，营造出了幽默氛围，把学生带入了幽默的情景之中，使他们处于完全放松的状态，所以这一组以静态的方式把他们的跑操状态呈现出来，让大家仔细寻找并思考存在哪些不良行为。

我问学生："谁找到不一样的地方了，请举手。"单晓冉，举起了手："我们班的队伍非常不整齐，其他班的队伍很整齐。"李一航说："我们班队伍的前边很整齐，后边比较乱。"小杰说："我和小群在队伍里打闹了。"小宇反思说："我在下台阶时，没走下去而是跳了下去。"……

他们你一言我一语，说出了跑操中存在的各种违纪现象，有的是说自己，有的是说他人。经过讨论，违纪的学生意识到了自身存在的问题。

面对他们的违纪，我没有批评，而是说："我会继续从你们的学习生活中寻找笑点。下一期的'开心一刻'，谁会荣登，让我们敬请期待。"

对调皮捣蛋的学生，只是一味地进行批评教育，效果反而不好。不妨在日常生活中，抓拍点他们做过的调皮事，借助幻灯片的动画特效，配上搞笑的背景音乐和幽默风趣的语言，给他们的行为曝曝光。在欢声笑语中，引导学生对不良现象进行思考，帮着他们改正自己的不良行为。

14. "我有外号"，教学生文明取外号

学生在给他人取外号时，往往抓住对方的缺点取，这不但伤害了对方的自尊，还伤害了同学间的感情。怎么办？班主任可以组织一个取外号的活动，指导学生文明取外号。

学生间取外号，大多数情况是抓住别人缺点来取，这样的外号会给当事人带来苦恼。只要班里有一两个学生给他人取外号，过不了几天，外号就会在全班蔓延。这种行为，班主任堵也堵不住，与其堵不如疏，于是，我在班里开展了文明取外号活动——"我有外号"。

先是通过交流，让学生明白"不文明的外号"能对他人造成伤害。

班会课，我问学生："同学们，这节课，我们一起来谈谈外号，你们有外号吗？"

他们笑着说："有！"

我说："说一说，你们都有哪些外号？"

他们不好意思说。我知道班里几个学生的外号，先是叫起了李志新。

他站起来，红着脸说："他们叫我四眼狗。"

他一说，全班都笑了。李志新有些伤心。

这笑声里，显然有讥笑的意思。我"啪"地拍了一下桌子，愤怒地说："这种外号是对他人的侮辱！谁对他人给自己取的外号不满意？举手！"有一半学生举起了手。我接着说："中国有句古话，己所不欲勿施于人。我倒想问问那些给别人取外号的同学，给你取个侮辱你的、诋毁你的、嘲笑你的外号，你能接受吗？你这是把自己的快乐建立在他人的痛苦之上。"大家愣住了。一

拍、一怒，就是要让学生知道给他人取不文明的外号是不允许的，要受到批评。

接着，指导学生文明取外号。《水浒传》中的好汉都有自己的外号，他们的外号大都是根据人物自身优点来取的，我借此来指导学生取好外号。我在大屏幕上投出了宋江的画像，说："外号，可以取，但是要好好取，要找人家身上的优点取。比如这个人的外号，就很好。"

花天赐说："及时雨——宋江。"

"对。因为他为人仗义，经常救人于危难时刻，所以人们才给他取了这样一个外号。这是对他的尊重和肯定。再看这一张。"

我出示了吴用的画像。

李志新说："智多星——吴用。"

"对。因为他足智多谋，神机妙算。"

……

"你们看，这些英雄人物的外号都是根据他的优点来取的，听起来令人舒服。从今天开始，每个人都要有一个外号。"

有学生惊讶了，说："不会吧。以前的班主任是不允许我们取外号的。"

我说："不允许，你们怎么还给其他同学取呢？"

孙鑫很实在，说："都是偷偷的。"

我接着说："从今天开始，你们就不用偷偷取了，要光明正大地取。但是所取的外号不要含有对他人人身攻击的词汇，不要出现负面的词汇，最好的外号是能体现他人身上的优点，体现正能量的。比如马文轩的外号是小马达，人家就愿意啊，这是在表扬人家跑得快。再如，李昊龙的外号是小天才，他也愿意，这是夸人家聪明。夸人家优点的外号可以给人家取，说人家缺点的外号不要取。"

我在大屏幕上投出了"我有外号"四个大字，说："你们四人为一小组，寻找彼此身上的优点，根据优点给同学取外号。判断你的外号取得好不好，关键是看人家喜不喜欢，只要人家喜欢的，就是好外号，就能叫。"

学生开始叽叽喳喳讨论起来。我在班里也带头给他们取外号，看到班里学习刻苦的成家奇同学，给她取个外号——"学霸"。她听后，很高兴。"学霸"，是一个正面肯定的词。比如姜睿芯嗓音好，读起书来，唱起歌来，很好听，我就给她取名为——"小百灵"。上课回答问题时，我有时不点他们的真实姓名，点"外号"，"你们都回答不上来，那就有请学霸来回答""小百灵，你来读读这篇课文"。学生听到自己的外号后，心里美滋滋的。

外号取得怎样，还要做个满意度调查。如果学生喜欢这个外号，就可以使用，不喜欢，则禁止使用，需要再重新取。

有人说，有了外号，才有一个完整的童年。与其禁止学生取不文明的外号，不如举行"我有外号"活动，引导学生文明取外号。这一活动，就告诉学生什么样的外号是文明的外号，什么样的外号是大家喜欢的外号，怎样才能取出大家接受的外号，等等，有了这样的引导，学生就能取出文明的外号，不文明的外号自然没了市场。

15. 班级游戏，提高班会效率

以游戏的方式开展班会，有四个步骤：第一，基于班级问题设计游戏；第二，课上做游戏；第三，反思游戏，吸取失败的教训，再次做游戏；第四，交流收获。通过四步，就能让学生在游戏中获得体验，悟出道理，想出解决问题的办法，提高班会的效率。

班会是班主任对学生进行思想品德教育，解决班级问题的一种方式。好玩有趣的上课方式，才能让班会发挥其作用。

前几天的啦啦操比赛，我班年级倒数第一。失败的主要原因是，比赛过程中，有几个学生没有认真做，连打带闹，给扣了分。与其说是他们做操不认真做，倒不如说他们在做操时没有集体意识。

基于班级在啦啦操比赛中存在的团结性不强的情况，我设计了一个团体游戏，让学生在游戏中体验团结的重要性。

首先，介绍游戏背景，公布游戏规则。

我对学生说："上了一天的课，大家都很累，我们来玩个游戏放松一下。"

为了给学生一种真实感，我创设了一个情景："有一天，我们全班坐船出去旅行，突然船在大海里遭受了巨大风浪，翻了。"我指着提前放在地上的两个尼龙袋子说："这就是你们唯一的救生艇。我们分组进行比赛，比一比哪组获救的人最多。"

我向学生公布游戏规则："只要是游戏，都有游戏规则，同舟共济的规则是，每个小组14人左右，将尼龙袋子看作本小组在落水时唯一的一艘救生艇，请小组想办法让更多的人站到救生艇上获救，每个人都必须踩到尼龙袋子上。我宣布比赛开始后，各个小组开始往尼龙袋子上站，比赛时间为30秒，当我宣布时间到时，哪一组站上去的人多，哪一组就获胜。我们请两个组上来体验一下，其他的小组做评委仔细看哦。"

其次，选学生参与，开始做游戏。

我特意选择了一组和二组，让他们上台体验，因为这两组的学生在啦啦操比赛过程最乱。

各组成员都围在"救生艇"外侧跃跃欲试，我喊了一声："开始！"他们使劲地往"救生艇"上挤，有的刚挤上去，被其他同学给推了下来；有的拉住其他同学不让他上，趁机自己上去；还有的在争抢过程中，动起了手；有的小组已把"救生艇"踩成了一团……

"时间到！停止活动。评委们，我们一起数一下人数。一组，5人。二组，3人。一组获胜。"

再次，组织学生反思游戏。

游戏结束了，胜负也已经分出，我让上台体验的学生进行反思："二组，你们说一下自己为什么上去这么点人？"

郭子奇说："我们都是你争我抢，我刚上去，就被赵子墨给拽下去了。我下去后，也把他给拽下来了。"

马腾越说："当你一说出开始的口令时，我们都争着往上站，谁也不让谁，这样谁也站不上去。"

李柯凡说："我们失败的最大原因是不团结，不懂得礼让。"

让学生参与游戏，不是为了游戏而游戏，而是为了让他们通过参与，反思自己在游戏中的表现，思考失败之处，以及如何才能取得成功。

"刚才同学们说的都是自身的真实感受，找到了失败的原因。虽然一组的人比二组多，但是没有获救的人也不少。我们怎样才能让更多的人登上'救生艇'呢？"同学们纷纷举起了手。

马建昊说："我们应该有序登陆，不要抢。"

朱浩天说："应该有个组织者，组织同学们有序登船。"

……

最后，基于反思，再做游戏。

在课堂上，我又组织一、二组的学生上台做第二次游戏。第一次游戏，是学生凭借自己的感觉自由游戏。第二次则让学生根据第一次游戏中失败的教训以及同学们提出的办法来做游戏。目的是通过两次游戏，形成鲜明的对比，深刻体会到团结的重要性。第二次游戏，为了给他们营造一个更真实的氛围，我在电脑上打开了音乐播放器，播放着大海里巨浪翻滚的声音。

他们在游戏中采纳了同学们的建议。郭子奇对他们组的成员说："女生先上，男生最后，大家不要挤。"

二组成员按照郭子奇的指挥有序地登上了"救生艇"。还剩下三位男生。郭子奇突发奇想，说："刘政宇你让赵子墨背着，张鹤松你让李子胥背着，刚子恒你背着我。"

游戏刚一结束，全班响起了热烈的掌声。

"二组获胜，全员得救。"掌声再次响起。

我再次组织学生进行反思："通过本次游戏，你们明白了什么？"

郭子奇说："我们只有团结，有序，才能取得胜利。"

朱浩天说："在游戏中，二组同学相互帮助，上了'救生艇'的同学把能上去的同学背了起来。"

"是啊，在活动中，我们只有团结，齐心协力，才能获胜。上次，我们班在啦啦操比赛中取得了倒数第一，是什么原因？"

张展博慢吞吞地站起来说："我没有认真做，还在队伍里面打闹。"刘晨曦也站了起来："我也是，光跟张鹤松说话。"赵子墨说："我在队伍里故意跟大家的节奏不一样。"朱浩天说："我没有带花球，显得不协调。"……

我说："你们能够主动承认自己的过失，说明你们很勇敢，能够认识到自身的不足。只要是集体活动的比赛，看的是大家的团结，看的是大家的动作整齐度。"

对小学生来说，班会以游戏的形式来上，效果最好。以游戏的方式上班会，不是为了游戏而游戏，而是让学生在游戏中，拥有真切的体验，经过"游戏——反思——再游戏——再反思"的环节，让学生悟出道理，想出解决问题的办法。

16. "学生周",让每个学生都出彩

给每个学生搭建展示自我、锻炼自我的平台,让每个学生在展示中收获快乐和自信。

学生是在教室里一天天成长起来的,班主任有责任为学生的成长提供机会、搭建展示的平台。为了让学生成长,我给每个学生提供了一周的展示自我的机会,全班按照学号轮流进行,让他们一天展示一项才艺,同时还要参与到班级管理中来。轮到谁,这一周就以谁的名字命名,这个活动美其名曰"学生周"。

"学生周",是对展示的学生进行宣传,让他能被大家看得见,让他成为大家关注的焦点。首先,展示的学生要制作一张海报,上面包含个人简介、生活照片、每天展示的内容等。在这一周,把制作好的海报,贴到走廊内,这样只要从班门口走过的老师和学生都会看到。其次,把教室电脑桌面的背景换成展示的学生照片,在黑板的右上角,写上某某周。老师一开电脑,全班同学就能看到他,同学们一看黑板就能看到他的名字。

全方位、立体的宣传,能让每一个展示的学生获得一种被看得见的荣耀感。

"学生周",最重要的是让学生进行才艺展示,通过才艺展示,让全班了解他。周一到周五下午预备时间,是学生展示的时间,每天展示一项才艺。

按照学号,第一个上台展示的是唐华阳。唐华阳,是个调皮的孩子,除了对玩用心之外,对其他任何事情都不用心。他把自己和妈妈一起制作的海报交给了我,我把海报贴到了教室门口,语重心长地对他说:"咱可得严格要

求自己，最起码这一周应该在各方面都起到带头作用，把海报一贴，其他班的老师和同学可都知道你了，你可要好好表现才是。"

他点头答应着。

接下来，便是唐华阳每天的精彩展示。

第一天的展示是讲成语故事。说是讲成语故事，其实是读书。他拿着一本《植物大战僵尸》在前面读，读了几个成语故事，就要下台。我说："时间还没到呢，再读几个。"他又从书中读了几个小故事。他的声音很低，比蚊子的声音还要低，下面的学生把双手放到耳朵上，也听不到。第一天，他就这样草草收场了。即便如此，全班也给他送去了热烈的掌声。

第二天的展示是猜谜语。这次，唐华阳的表现跟昨日相比，有了很大进步，声音洪亮了许多。最后一个谜语："旗杆立在禾中央；仔细一看没了人；孝字在先文在后；宝儿丢玉至补归。猜四个字。"大家怎么猜都猜不出来。他最后公布谜底——种子教室。我问他："你怎么这么有才啊？"他说："这是我妈妈的杰作。"不得不佩服，他妈妈是位有才的妈妈，用心的妈妈。我冲他竖起了大拇指："今天，你进步很大。"

第三天，学校有其他活动，没有进行。第四天的展示是做手工。他拿着两张纸，在讲台上说："同学们，今天我教大家做手工，请大家把纸准备好。准备好了吗？"他在上面一边教，下面的学生一边做。"折好了吗？""这样，抽出来。"他一边操作，一边讲解，一边询问，俨然成了一位小老师。"还没呢。""怎么抽啊？"不一会儿，一件小棉袄折好了。"下面，我再教给大家折棉裤。"……

最后一天，展示的是成长时光，他把U盘插到电脑上，打开文件夹，一张张播放他的照片，从几个月大一直播放到上小学。他一张张地给我们讲照片背后的故事。

他讲着，我们听着。他讲完了，我们还沉浸在唐华阳的成长故事之中。

唐华阳，之所以能成功地展示，是因为背后有他妈妈的大力支持。

在后面的"学生周"中,有学生展示了拉丁舞、书法、绘画、跆拳道等才艺。"学生周",不是才艺的比拼,不管学生展示的多么糟糕,只要他能勇敢走上讲台,都要给予他肯定和鼓励。

此外,"学生周"还给学生提供了参与管理班级的机会。"学生周"的同学与班干部一起管理班级,比如跟劳动委员一起检查卫生,与班长一起管理纪律,与路队长一起整理路队等。在参与管理过程中,不但锻炼出了组织能力、管理能力、语言表达能力,而且还能在公众面前落落大方,充满自信地表达自我。

心理学家威廉·詹姆斯说,人性至深的本质是渴求被人重视。"学生周",给每个学生提供了展示自我的平台和锻炼的机会,让每个学生都能站在教室的中间成为大家关注的焦点,也让每一个学生在展示中收获自信和成功。

17. 二十四节气，丰盈班级生活

借助二十四节气，开展一系列活动，把学生的生活空间从课内拓展到课外，丰富学生的班级生活，丰盈学生的生命。

二十四节气，是中华民族劳动人民长期生活、劳动经验的积累和智慧的结晶，是中国传统文化的一部分，它是我国古人用来指导农事的补充历法。虽然今天生活在城市中的人们不从事农事，但二十四节气仍旧能够指导我们的生活，比如，一立秋，天气立刻凉爽起来，就要准备好长衣服；一到寒露，天气就寒冷起来，不得不备好厚衣服等。这足以见得节气与我们的生活密切相关。当我们对二十四节气熟知之后，我们的生活就能做到循天时之变。每到一个节气，我就会与学生一起探索节气的奥秘，开展跟节气有关的活动，做跟节气有关的事情，以此来丰盈班级生活。

以白露节气为例，向大家展示。

一、看图聊汉字——"露"

晨读时，我把"白露"节气中关于"露"字的图片，投了出来，让学生猜是什么字。目的是从字理入手，引导学生走入一个节气。

唐华阳说是"露水"的"露"。他居然猜中了。

"你是怎么猜出来的?"

"上面是雨，这就是雨字头，下面是两个脚，就是路。"他的回答基本有道理。

我问："还有不同意见的吗?"没有一人举手。

我又接着问："你猜出的理由和他的不一样，也可以说。"

李文倩说:"我猜的也是露,上面也是雨字头,下面的跟唐华阳不一样,下面的两个脚,我认为代表的是走路,所以下面是路。"

汉字在一定意义上讲,就是图画,看图猜汉字能锻炼学生的想象力,增强学生对汉字的理解力。

"露,可以组成哪些词?"

"露水。"

"花露水。"

……

我随即问:"见过露水的请举手。"城市里的学生,见过的很少,全班只有五个学生。

"谁能描述一下露水?"

穆聿涵说:"露水只能在早晨见到,到了中午就变成水蒸气升天了。"

朱浩天说:"远看像晶莹剔透的水晶,走近了一摸就变成水,流掉了。"

我出示露水的图片,问:"你能用哪些词语形容一下露水?"

"晶莹剔透。"张一宁说。

"亮晶晶。"单钰杰说。

我继续追问:"露水是怎样形成的呢?"

张子硕说:"由于气温较低,花花草草也很凉,水蒸气就在上面凝结成露了。"

就这样,我们从"露"字聊起,慢慢地走进了白露节气。

二、了解节气——白露

我说:"今天是9月7日,我们一起走进白露节气。"给他们出示了白露的简介:

白露是24节气中的第15个节气,一般在公历9月7~9日,人们明显感觉到炎热的夏天已经消尽,凉爽的秋天已来到。白露时节昼夜温差较大,清晨的露水日益加厚，凝结成一层白白的水滴，古人以四时配五行，秋属金，金色白，所以称之为白露。

让学生出声朗读，以便对白露有所了解。接下来，与学生一起探讨"白露三候"。

"一候中的鸿雁是什么？"

张子硕说："是大雁。"

"这时，大雁开始往南飞。谁见过大雁飞翔的样子？"

于睿宁说："一会儿'人'字，一会儿'一'字。"

"为什么要这样呢？"

张子硕说："排成人字之后，最前面的大雁，扇动翅膀形成的气流往后传，后面的大雁在飞翔时，会很省劲。"

于睿宁补充说："前面飞累了，后面的大雁替换，这样就可以持续飞行。"

我问："二候中的玄鸟是什么鸟？"

张子硕说："是黑色的鸟。"

我说："对了一半，玄鸟在这里指燕子。这个时候的燕子要飞往南方过冬了。"我问学生，"三候中的群鸟有哪些鸟？"对于住在城市里的孩子来说，在生活中没见过几只在天上飞的鸟，就连最平常的麻雀也很少见到。在我的一再启发下，学生逐渐回答出了麻雀、乌鸦等。

在这一环节中，通过出示白露简介、三候等跟白露有关的知识，让学生以朗读、交流等方式，对白露有所了解。

三、节气诗词——《衰荷》《白露》

三候学习结束后，进入白露诗词学习环节。古诗词中有很多描写二十四节气的诗句，让学生读一读，能促进学生对节气的进一步了解。我给他们准备了两首古诗——《衰荷》《白露》。

先让学生自读，在读的过程中，尹嘉琪把不认识的字用字典查了出来，这是一种很好的学习习惯。其余的学生则没有，还是被动地学。齐读完后，让学生看着诗，想象画面。我认为教古诗最主要的是让他们读诗想画面。学生能说出古诗中的画面，诗意也就出来了。

如果说第一首给人的感觉是凄凉的话，那么第二首则给人一种愉悦的感觉。我让学生结合PPT，边读边想象，通过不同形式的诵读，部分学生基本能背这两首古诗。

四、节气谚语、习俗

谚语凝结了古人对自然的观察和思考，里面包含着古人的智慧。气象谚语，"白露秋分夜，一夜凉一夜""草上露水凝，天气一定晴""夜晚露水狂，来日毒太阳"等，由露水来判断白天的天气状况。农业谚语，"头白露割谷，过白露打枣""白露割谷子，霜降摘柿子""苹果梨子大批卸，冬瓜南瓜回了家""白露枣儿两头红，核桃熟了该挨棍"等，则是指导农人进行农业生产劳动。谚语通俗易懂，学生一读就明白什么意思。

每一个节气，都有诸多习俗。我出示几个白露节气习俗，让学生读一读了解了一下，打趣地说："你看人家古人的生活多好，不但节日要过，节气也过。"

五、实践活动

最后，给学生布置了两个实践性作业，让学生在家长的带领下到户外去，一是拾捡落叶，制作书签或树叶贴画；一是用手机拍摄白露时节的美景。

每一个节气，我们都是这样度过，先在教室里完成相关节气知识的学习——从猜汉字开始，学习汉字、节气三候、节气诗词以及节气谚语和习俗，再到室外完成与节气有关的实践性作业。在节气这一天，如果遇到周末或假期，家委会就组织学生走进大自然，比如到小河边、公园里、田野里等，探究节气的秘密。

我们伴随着节气，一路快乐地行走，从立春走到了大寒；开展了诸多活动，拓展了学生的生活空间，从课内拓展到了课外；制作了许多作品，如手抄报、书签、贴画等，丰富了学生的班级生活，丰盈了学生的生命。

18. 班级仪式，让生活与众不同

每天、每周、每月，都举行仪式，让学生的班级生活时刻充满着仪式感。

我在班里实行轮值班委，创建班级银行，让每个学生都有自己的劳动岗位。轮值班委，每天对学生的劳动情况进行反馈。班级银行，每周根据学生的劳动情况，给他们发放"工资"。劳动、发"工资"，成了我们班一种独特的生活方式。为了让这种独特的生活方式有意思、有意义，我们班每天、每周、每月举行仪式。

每日点赞仪式，开启美好的一天。每天清晨上课前十分钟，有一个开启美好一天的仪式——点赞。轮值班委会整齐地站在教室前，向所有学生反馈昨天的劳动情况。反馈，主要是给表现优秀的同学点赞。

这一周的轮值班委是"璀璨之星"小组，他们在教室前面整齐地站好。

轮值班长李思瀚喊道："我们是……"

其余班委一起说："'璀璨之星'小组。"

李思瀚继续喊："我们的口号是……"

"夜空中最亮的星，非我莫属。"

在反馈前，先集体报一下组名，喊一喊口号，活跃一下气氛。接下来，每个轮值班委，根据自己昨天在岗位上观察到的情况为大家点赞。

李思瀚说："我是轮值班长。昨天，所有轮值班委都按时到岗。我要重点表扬余璟雯，她早早来到教室，带领干卫生区的同学及时打扫卫生，希望其他轮值班委向她学习。"

王梓涵说："我负责上课纪律。在昨天语文课上，姜昱琳、王凤仪，上课特别认真，还把老师讲的重点内容记录了下来，希望大家能像她们那样认真听课。数学课上，刘云杰积极回答问题，老师还表扬了他。"

赵君昊说："我负责下课室内纪律。昨天下午，姜炎虎来到教室后，没有吵闹，坐在自己的座位上做作业，这种自觉学习的精神，值得我们每个同学学习。"

贾炜宸说："我负责下课室外纪律。杨召越以前课间经常在走廊内快速奔跑，昨天没有打闹，有进步，望继续努力。"

......

每一天，每个轮值班委都要从自己负责的岗位上，找到表现好的同学，为他点赞，号召大家向他学习。被点赞的同学听到表扬后，脸上洋溢着笑容，心里美滋滋的。这一天，他会自信满满地干好每一件事。其他同学也会向被点赞的同学学习。班级的每一天，就是在这样的点赞中开启。

每周"工资"发放仪式，让学生体会到劳动的价值。学生的"工资"，每周一班会时发放，这一天是他们最期盼的日子，每一次发放都特别有仪式感。

"银行行长"根据轮值班委提供的数据，给学生计算出一周的"工资"。为了配合他们期盼的心情，我专门制作一张精美的PPT，来烘托氛围，上面打上"'工资'发放仪式"的字样，投在大屏幕上。

学生主持："同学们，大家经过一周的辛勤付出，干值日、做作业、写日记、做额外劳动、做轮值班委，终于获得了自己的工资。猜一猜谁获得的最多？"

学生七嘴八舌地猜起来，有了欢乐的氛围。

"到底谁最多呢？下面，进入最为激动人心的时刻，发'工资'。让我们用热烈的掌声有请'银行行长'上台，发放'工资'。"此时，播放震撼的开场音乐。"银行行长"，伴随着音乐，走到教室前面，拿着账单，按照学号先后顺序，逐一公布。获得"工资"高的同学，开心地露出笑容，"工资"低的同学，暗下决心，决心迎头赶上。"工资"发放完毕后，主持人说："让我们大声喊出我们的口号——"全班一起大喊："多劳多得，少劳少得，不劳不得！劳动光荣！"

学生可以用自己获得的"工资"参与班级举行的各种活动，如拍卖会、月末影院、跳蚤市场，甚至还可以从班级"超市"中购买学习用品等。

"工资"发放仪式，虽然简单，但让每个学生体会到了劳动带给自己的价值。

每月财富排行仪式，让学生拥有荣耀。每个月结束后，在班里举行一个隆重的月度财富排行颁奖仪式。

颁奖仪式，重要的是营造一种氛围，氛围的营造必不可少的是 PPT。PPT 分为这样几个部分：封面、榜单、颁奖词、荣耀时刻。

封面部分，用艺术字注明"×月份财富排行"，位置居中。这是活动的开启背景。榜单部分，最上方居中位置，写明"×月份财富排行前十榜单"，下面是姓名和本月所获得的财富。这一部分设计特效，插入震撼的背景音乐；"姓名和对应的本月财富值"从下到上逐一出示，即排名按照从后往前的顺序出示。颁奖词，用简短的语言对入选财富排行榜的学生进行肯定和鼓舞，也是对其他学生的一种引领。

荣耀时刻，邀请重要人物为获奖的同学颁发"月度财富前十"的证书，拍照合影。在我班给学生颁奖的重要人物，不是学校领导，不是班主任，也不是任课老师，而是他们的同学。选谁呢？选择这一个月在某方面进步最大的学生，而不是最优秀的学生。每次选两名，选这样的学生，一是对他们的肯定，二是营造积极向上的氛围，激励其他学生努力奋进。

以四月份财富排行为例：出示 PPT 的封面——"四月份财富排行"。

"下面我们公布本月的财富排行榜，登上财富排行前十的是……"震撼的音乐响起，PPT 切入到了另一个页面。

全班一起读出登上财富排行的同学姓名，按照名次，从后到前，逐一出示，出示一个，大家一起喊一个。

此刻，被喊到名字的学生脸上洋溢着自豪感。这是他们自己辛勤努力获得的。

接下来，我与学生配合，共同把颁奖词送给获得财富排行前十的同学：

生：他们靠着自己的勤劳，在这间教室里生活着——遵守纪律，认真完成作业，认真干值日，认真做操，每天写日记，每天读书。通过自己的劳动赚取了属于自己的财富。他们是一群勤劳的人，让我们向他们学习。

师：让我们永远记住。

生：多劳多得，少劳少得，不劳不得！

师：让我们大声喊出来。

生：劳动光荣！

PPT，进入了另一个页面——荣耀时刻。请月度财富前十的同学上台领奖。奖品是一份印有"月度财富排行前十"的证书。

他们上台时，我进行简短的介绍："今天的颁奖嘉宾是近期进步最大的两个同学。一个是焦鑫哲，他以前的日记，只写一句话，但是近期来，他每篇日记，都写到了半页，对他来说这是巨大的进步。"我把他的日记展示给全班同学看。"另一个是李柯凡，他这段时间，说脏话的次数明显少了很多，还有不少同学在点赞本上给他点赞。下面有请这两个同学，为财富前十颁奖！"他们引以为豪。我也是借此机会，对他们的进步进行表扬。

他们发完证书后，跟荣登"月度财富排行前十"的同学一起站好，拍照。这一时刻，是他们通过劳动挣得的荣耀时刻。

每月隆重的财富排行颁奖仪式，带给了学生巨人的荣耀感。很多学生为了能获得这份荣耀，在班级中努力劳动。

在《小王子》这本书中，有这样一个经典对白：小王子问："仪式是什么？"狐狸说："它就是使某一天与其他日子不同，使某一时刻与其他时刻不同。"

每天、每周、每月，都举行仪式，让每个学生在班级里的劳动都能得到回报，让班级充满浓浓的仪式感。这样的仪式，让班级生活拥有着无限精彩，也让学生感觉到班级生活的与众不同。

19. 每日新鲜事，分享童真与童趣

每个学生的生活，都充满着无比多的趣事，每天拿出一点时间，让学生把自己的趣事分享一下，班级生活就会充满更多的童趣。

一年级学生，天真、烂漫，生活充满了欢乐和童趣，每天他们总能从生活中发现有趣的事，跟老师说个不停。如果每一天都让学生讲一讲自己生活中的趣事，那么班级生活将会充满无限的乐趣。

每天在课堂上，我拿出十几分钟的时间，按照"新鲜事我来讲""新鲜事我来问""新鲜事你最棒"三个环节，让学生上台说说自己的新鲜事。

环节一：新鲜事我来讲

让台上的学生自己讲，想怎么讲，就怎么讲，讲得语无伦次也无所谓。学生在讲的过程中，肯定会有很多地方讲不清，关键的细节说不出。这对小学一年级的学生来说很正常。

语文课上，我对学生说："一天当中，你们肯定做过或见过许多好玩、有趣、新鲜的事情，谁来讲一讲？"

"我！""我！""我！"小手纷纷举起来。

李柯凡手举得最高，身子几乎站到了椅子上。

"李柯凡上来吧，下面进入'新鲜事我来讲'环节。"

学生立马坐端正，大声喊："你来讲，我来听。"

他兴奋地跑到讲台上，说："昨天晚上，我和我妈妈到公园里散步。有一个叔叔在广场上表演节目，用手抓'热得快'，还……"他扑哧一声笑起来，边笑边讲，"那位叔叔……把鞭炮点着……"

李柯凡一手捂着嘴，一只手捂着肚子，笑得前仰后合，其他学生也跟着他笑了起来。

"还……还把点燃的鞭炮……放到自己的裤裆里……"李柯凡笑了好大一会儿，才坚持着把事情讲完。

环节二：新鲜事我来问

接下来，让台下学生与台上学生进行互动，针对自己没听懂的地方向台上学生进行提问。

"李柯凡讲得很好笑，你如果有没听明白的地方，可以问一问他。下面进入'新鲜事我来问'环节。"

学生大声喊："我来问，你来答。"

于睿宁问："在哪个公园表演的？我也想去看看。"

"不是在公园，是在我们小区门口的广场上。"

郭子奇也问："'热得快'是烧红了的吗？"

"对，烧得很红很红，他还拿着那个吓唬我们，说谁不鼓掌就让谁试试。"

……

经过一问一答，原本没讲明白的地方讲明白了，没有讲到的地方讲到了，整个有趣的事，更加有趣、清晰了。

环节三：新鲜事你最棒

学生提问完后，进入颁奖环节。我说："李柯凡讲得很好，下面进入'新鲜事你最棒'环节。"学生说："棒棒棒，你最棒。"为了能吸引更多学生上台讲自己的新鲜事，我在全班学生面前隆重地给上台分享的同学发一张奖状和一张喜报。奖状是发给上台分享的同学，这是对他的鼓励和肯定；喜报是把上台分享的同学的优秀表现告知家长，让家长有份荣耀感。

奖　状

_____同学：

祝贺你，勇敢地走上讲台，把自己亲身经历的新鲜事分享给大家。正是有了你的分享，我们的班级生活才充满了更多的童真、童趣！

小种子教室
年　　月　　日

喜　报

_____家长：

您好！您的孩子勇敢地走上讲台，与大家分享了一件自己的新鲜事。特把这一喜讯告诉您。请您让孩子再把今天分享的内容，讲给您听，同时把所讲内容转化为电子稿，发到我的邮箱，届时将发表在我们班的 QQ 空间里。

小种子教室
年　　月　　日

遇到寒暑假，我就把新鲜事的分享搬到 QQ 群里。

假期，让学生把自己要讲的新鲜事录制好，按照学号顺序，每天往 QQ 群里传。颁奖环节由发放奖状和喜报，改为教师、家长、学生在群里点赞。

董柏旭讲述了自己学洗衣服的事情。他一边洗，一边讲解先干什么后干什么，洗衣服的过程讲述得条理清楚。

我这样评价："董柏旭同学，你在讲新鲜事时边演示，边讲解，洗衣服的过程讲得很有条理。你在假期学会了洗衣服，学会了承担家庭责任。了不起，为你点赞！"

其余家长也纷纷为他点赞。学生们也夸奖他"真了不起"。

董柏旭十分高兴，在群里回复说："谢谢老师，还有叔叔阿姨和同学们！我会继续努力的。"

卜月涵讲了下雨天发现很多蜗牛的事。

我给她的评价是："卜月涵同学，你善于观察发现，了不起！其他同学下雨天也发现蜗牛了吗？你们也像卜月涵这样仔细观察了吗？"

如果有学生讲述不清楚,也会有人像课堂上那样发问。

郭子奇讲述的新鲜事是参观向日葵园,很多学生没听明白,便问,"这是在什么地方啊?""你是什么时间拍的?"我也插了一句:"为什么向日葵不朝向太阳?"

每个学生好玩、有趣的新鲜事,就是他们童年的宝藏和秘密。每天拿出一点时间,让学生把自己的新鲜事讲一讲,大家听一听,乐一乐,彼此间就会获得更多的宝藏和秘密。学生的童年生活就会变得更丰富多彩。

20. 班级吐槽大会，为班级增添欢乐

班级吐槽大会有四个环节：一是欢乐开场，二是猜猜主咖会是谁，三是优点大家一起说，四是糗事我来讲。

高年级的小学生在一起并不只是你追我赶、打打闹闹，他们还喜欢对一些事情进行吐槽，比如吐槽老师怎样讲课啦，吐槽某个同学做的糗事啦，吐槽在老师办公室里听到的八卦新闻啦，等等。课间，你只要往小孩堆里一扎，就能听到很多他们吐槽的事。我把他们的吐槽，搬到了课堂上，一个月让他们公开吐槽一次，取名为班级吐槽大会。

班级吐槽大会，不是让学生随便说、随便聊，而是每一期围绕着班级里的一个主角，一起吐槽。在这项活动中，我把主角称之为"主咖"，学生自愿报名担任。为了把"班级吐槽大会"开得好玩一点，我设计了这样四个环节——"欢乐开场""猜猜主咖会是谁""优点大家一起说""糗事我来讲"。

环节一：欢乐开场。用PPT烘托氛围，用口号渲染气氛。

周五下午第三节课，上课铃打响，我走进教室，学生满怀期待地坐好。负责管理电脑的同学，早已打开了电脑，把带有班级吐槽大会字样的PPT投放在了大屏幕上。

"让我们一起喊出我们的口号——"我一如既往地说。

"吐槽是门艺术，笑对需要勇气。"学生大声喊。

这是我们班级吐槽大会的开场白。

环节二：猜猜"主咖"会是谁。把描写主咖外貌、性格等特点的词呈现在大屏幕上，让学生去猜测，以此激发学生的兴趣。

"下面进入班级吐槽大会的第二个环节——猜猜主咖会是谁，请看大屏幕。"为了保持主咖的神秘感，每一期都不会提前告诉学生主咖是谁，而是让他们去猜测。

大屏幕上出现了这样几个词：大眼睛、马尾辫。

"余璟雯。"

"索书萱。"

"郭珂嘉。"

……

学生热火朝天地猜着，但都没有猜对。

又出现了这样的短句：大鹅般的笑声。

大家齐声喊道："杨依荨。"

接着，大屏幕上出现了杨依荨面带微笑的照片。学生看到照片后，也笑了起来。

"下面，让我们以热烈的掌声欢迎本期班级吐槽大会的主咖——杨依荨上台。"

环节三：优点大家一起说。让全班一起寻找主咖优点，一是引导学生发现主咖的优点，并向她学习，二是让主咖有种自豪感。

杨依荨伴着热烈的掌声，迈着轻盈的步伐，面带微笑地走上了讲台。

"下面，进入第三个环节——优点大家一起说。请大家一起来讲一讲杨依荨的优点。在说的时候，请先说出关键词，然后再详细说。"

第一个站起来的是闫步群，他笑着说："我说的关键词是乐观。今天上午跑完操，我和李政霖走在杨依荨的后面。杨依荨呢，正和一个一年级的学生并排走。我笑着说，快看，杨依荨还不如一年级的小孩儿高。这话被她听到了，她回头只是翻了我一个白眼。要是换成其他女生，要么哭，要么告诉老师，要么揍我一顿，可是她没有。回到教室后，她仍然有说有笑。"

杨逸轩立马站起来说："闫步群说的事，使我想起了杨依荨请我看电影的事。我还特意叫上了我上幼儿园大班的表妹。我对她说，你看你长得还不如我表妹高。她也是翻了我一个白眼。我以为她会很生气或者伤心，但是她没有，又和我们打闹起来。"

大家继续围绕她的乐观讨论着……

我说："其实很多同学在背地里都议论过她个子矮的事。每次在操场上和中学生站一块儿跑操，总有些中学生好奇地围过来看她。按理说，在学校遇到这种情况，任何人都会感到自卑，但是她没有。我很佩服杨依荨，从你们的诉说中，我真正体会到了什么叫乐观。我们把掌声送给她。"

她笑着说："我没有觉得长得矮有什么不好的。长得矮，就没有优点了吗？我性格好啊，我妈总是跟我说，你怎么和谁都能玩起来。我到广场上可以和老奶奶玩起来，可以和小朋友玩起来。我有好多好朋友。我感到很快乐。"

她说完，大家都哈哈地笑了起来。

余璟雯站起来说："我说的关键词是友善。她能与环境友善，有一次，她在学校里低头看到地上一张纸片，上面写着配料的比例，她没看清，于是拿起来准备仔细看。结果呢，来了一位老师，说：'这个小朋友真懂事，主动拾捡地上的垃圾。'"

说到这里，大家哈哈大笑起来。

"自从那之后，下了课，没事的时候，她就叫我一起到校园里捡废纸。你们看，现在我们的校园变得多么整洁。这里面有我跟杨依荨的一份功劳哦。"

张语涵说："有一次，我哭了，她过来安慰我，那一刻我感到特别温暖。"

……

在你一言我一语中，杨依荨的优点更加丰富了。

我们都有这样的感觉，听到别人夸赞自己，心里特别美，但是听到别人说自己不好的方面，内心就不是滋味。如果自己以幽默的方式来讲自己的丑事、糗事，内心会容易接受些。

环节四：糗事我来讲。让主咖以幽默的方式讲讲自己做过的好玩的、有趣的糗事。

"下面进入第四个环节，糗事我来讲。"

杨依荨自曝做过的糗事："有一次，早晨到校后，我和郭珂嘉没进教室，她抱着我在走廊里四处游荡，结果，在楼梯转弯处，无意中碰到了田老师。吓得郭珂嘉一哆嗦，手一松……嘿嘿……把我给丢了下去……嘿嘿……让我摔了个屁股蹲……哈哈……"大家被她的滑稽经历逗得哈哈大笑。

"还有一次，我和余璟雯在路边遇见了一坨屎。哈哈……她说，杨依荨，那边有朵花，咱们把它插上去。我就特别听话，蹲下来，把花插了上去。哈哈……余璟雯正好拿着手机，咔嚓，把我插鲜花的动作拍了下来……"

……

大家被杨依荨大鹅般的笑声逗得前仰后合。

随着"糗事我来讲"的结束，班级吐槽大会也接近了尾声。我对学生说："现在你们已经多方面地了解了杨依荨，下节课请大家拿起笔，写写杨依荨。"

在班级吐槽大会上，学生用幽默的方式你一言我一语地诉说着"主咖"的优点，"主咖"也以幽默的方式，勇敢地谈论着自己的糗事。学生间有许多事要吐槽，班主任每月组织一次吐槽大会，给他们一次公开吐槽的机会，让他们在吐槽中收获阵阵欢声笑语，给班级增添欢乐，也让他们彼此间加深了解。

21. 编唱毕业歌，定格美好童年

学生毕业前，班主任组织全班学生创编一首班级毕业歌，用毕业歌来定格六年的学习生活，给学生留下一段美好的回忆。

在学生即将毕业的最后一学期，班主任要与学生一起做一件有意义的事——编唱班级毕业歌，用歌曲来梳理小学六年的学习生活，为他们的童年生活留下美好回忆。

六年级的最后一个六一儿童节，李一航、蒋愉晴和孟雅萱，合唱了一首她们自己创作的歌曲——《充满奇迹的日子》，很受大家欢迎。她们告诉我，这首歌是她们依据《北京东路的日子》的曲调，结合自己的小学生活创作的班级毕业歌。这正与我想带领学生编唱班级毕业歌的想法不谋而合。我感觉她们的创意很好，但是所写内容不能完全描述出他们六年的班级生活。班级毕业歌，仅有几位同学参与编写，那就失去了价值和意义。于是，我动员全班共同完成一首能充分反映他们小学生活的班级毕业歌。

他们作为小学生哪有那么大的才华去创作一首新的歌曲呢？其实操作也很简单，我指导他们结合自己的小学生活，把《北京东路的日子》的歌词，改成他们的实际生活。班主任带领学生创编毕业歌时，如果实力允许，可以创作原创歌曲，没有实力可以选择一首与学生生活实际比较吻合的歌曲进行改编。

我把打印好的十一份《北京东路的日子》的歌词发给了他们："给大家两天的时间，你们以语文小组为单位，修改歌词，每组一张，直接在上面修改，修改后组长交给我。"这样，每个同学都能参与进来。两天后，组长们陆续把修改好的歌词交到了我手里。

看着一份份修改后的歌词，我不得不佩服他们的创作力，歌词里的每个词语，每句话都真实地反映了他们小学六年生活的点点滴滴。看着一份份修改后好的歌词，往昔的生活历历在目，犹如发生在昨天。

我把他们写的歌词，进行了整合、修改。修改后唱一唱，看看顺不顺口。我把任务交给了李一航："你试着唱一唱，哪个地方不行，再改一下。"她试着唱了一遍，马上指出：老师"同学录，记载那一切"不顺口，可以改成'同学录，记录那一切"。

我按她的要求改后，又叫孟雅萱再唱。她唱完后说："挺好的。"就这样，我们确定好了歌词。我把歌词，投到大屏幕上，让学生抄下来。

开始的开始　我们都是孩子

最后的最后　我们变成奇迹

本子的本子　写着我们的日子

奇迹的班级　到处充满奇迹

当某天　你若听见　有人在说　这真是个奇迹

当某天　你若想起　奇迹班里发生的一切

当某天　再唱起这首歌会是在哪一个角落

当某天　再踏进　这教室会是什么课程　勾起回忆的瞬间

表示从一楼到三楼的距离　却有那么六年

表示寻找奇迹每日播报　还有轮值班委

还有打打闹闹熙熙攘攘　还有新游戏

各种校规校纪校园监护　我们不得不遵守

我们抛弃稚气假装成长　时光带走天真的笑脸

离别一刻　难舍难分　分别的初体验

毕业和长大的字眼　格外扣人心弦

各种莫名其妙的伤感　同学录　记录那一切

十年后　你若听见有人在说　这真是个奇迹

十年后　你若想起　奇迹班里发生的一切

表示从一楼到三楼的距离　却有那么六年

表示寻找奇迹每日播报　还有轮值班委

还有打打闹闹熙熙攘攘　还有新游戏

各种校规校纪校园监护　我们不得不遵守

我们即将分别　独自浪在　不同中学不同地点

听见熟悉的外号　还会以为是我认识的谁

我们即将离开母校　奇迹班　我爱你

也或许谁都忘记谁的名字　但记得

充满奇迹的日子

接下来的日子，便是教学生唱歌了。我自己五音不全，不会唱歌，无法教他们，但是我利用每天下午第三节课的后十分钟，让学生跟着网络唱。我在网上打开《北京东路的日子》，说："同学们，我们先把《北京东路的日子》唱会，《充满奇迹的日子》也就会唱了，调都是一样的，只需要把歌词改一下就可以。"大约用了两个十分钟，他们便唱会了《北京东路的日子》。我让学生把《充满奇迹的日子》的词填进去，跟着《北京东路的日子》的调子唱。没想到，我的这个笨方法，居然教会了学生唱歌。

在班级毕业庆典上，我们一起唱响了这首由他们自己创编的班级毕业歌。

《充满奇迹的日子》，是我和学生一起创作的作品，一开始有三个学生初唱，后来全班一起创编、学唱、合唱。每个学生见证了它的从无到有的过程，整个创编历程给每个学生留下了最美的回忆。

多年后，小学老师上课讲的什么内容学生会忘记，但这首由全班学生共同经历过从创编到合唱过程的、能记录小学生活的班级毕业歌，会深深地印在学生的记忆深处。

第三章 轻松解决复杂的学生问题

　　学生是成长中的人，在成长过程中，会因自己的无知和调皮，制造出各种各样的麻烦和问题，比如上课违纪、制造流言蜚语、拉帮结派欺负同学等。不管多优秀的班级，都会有学生给班主任制造出麻烦和问题，有的班级出现的问题多，有的班级出现的问题少。

　　班主任作为班级的管理者，不得不面对并解决学生制造的各种麻烦和问题。有的班主任在解决问题时，不但没有把问题解决掉，反而会使一个小问题扩大成一个大问题，从而导致班级工作步履维艰。有的班主任不管遇到多么棘手的学生问题，总能成功地解决掉，从而使班级工作轻松愉快。两者间的差距就在班主任解决问题的策略上。好的策略包含着解决问题的智慧和艺术。智慧而巧妙地解决学生问题，是班主任带班必备的一项技能。

22. 虚构故事，瓦解"小团体"

在解决班级"小团体"问题时，可以采用旁敲侧击的办法，虚构一个与班内"小团体"做过的类似故事，讲给学生听，与学生一起剖析故事中学生的行为，让"小团体"意识到类似的行为是多么的恶劣，将会受到怎样的惩罚等，从而起到对"小团体"震慑和教育的作用。

每个班中，都会有几个特别要好的同学，经常凑到一起玩。久而久之，他们就形成了一种凝聚力。如果他们在一起，能做好事，就称之为团队，反之，就称之为"小团体"。这里面会出现一个核心人物，"小团体"中的学生往往都会听从他的指令。一旦有同学得罪了"小团体"中的任何一个人，他们就会对该同学进行打击报复，这种现象就是"小团体现象"。处理"小团体"问题，对班主任来说可谓十分棘手。处理不到位，轻则不见效果，重则会伤害学生的自尊心。

一天中午，一涵妈妈打来电话说，一涵和小慧之间有点矛盾，小慧现在不让小宇、小倩、小敏这几个同学跟她玩，并且下课还经常骂她，骂得很难听，今中午放学时，她们几个又骂一涵，希望我能帮着处理一下。

下午第三节课，我先把一涵叫到教室外面了解情况，然后又分别单独找了小宇、小倩、小敏了解情况。她们都承认自己曾经背地里骂过一涵，说过她的坏话，孤立过她。但她们从未见过一涵做什么坏事，只是听小慧说而已，于是她们就信以为真了。她们都为自己做的这些错事而感到伤心，流下了泪水。这件事情的"主谋"是小慧，于是我又把小慧单独叫来谈话。她知道我叫她来的目的是为了什么，就说："一涵抄袭我的QQ文案，并且还用我的头像，我都告诉她不准用我的，但是还用……暑假的时候，还在QQ上骂过我，她还找她的表姐一起骂我……"我把一涵叫来，询问了相关情况。我问她们："这件事该如何处理？"小慧说："我主动跟她道歉，并和她做朋友。"小慧和一涵相互道了歉，那四个同学也一起向一涵道了歉。

当我为自己轻松搞定"小团体"问题而高兴之时，更糟糕的事情却发生了。她们几个虽表面上与一涵和好，但课下继续骂她，怂恿其他同学不跟一涵玩，走路遇到一涵故意撞她，有时好几个人拦着路不让她走，处处与她作对。据我了解，小慧总是用小零食、小文具拉拢其他同学，一起孤立一涵。

我一看事态有些扩大，趋于严重化，意识到必须采取进一步措施，来瓦解这个"小团体"。若直接在班内说出她们的行为，则会伤害她们的自尊心；若不说，她们意识不到这种行为给自己、他人还有班级造成的危害。我思来想去，想到了虚构故事的策略。要让所虚构的故事起到作用，就要把故事编好。首先，所虚构的故事要与班内发生的事件相似，具有真实性，让所有学生信以为真，能引起学生的共鸣，但不要让学生觉察出破绽。

第二天一上课，我就问全班学生："同学们，近几天跟李荣臻（上完五年级转了）联系过吗？"大家都异口同声地说："没有。"我心想时机来了，于是说："昨晚，他给我打了电话。"有几个学生瞪大了眼睛静静地听着。我接着说："他特别询问了于世杰、吴成龙、孙鑫以及张冰倩的学习情况。"这几个学生一听到李荣臻关心他们，心里非常高兴，那高兴劲儿都写在了脸上。

我先把一个关于友情的问题，抛给学生思考："他突然说了一句话——朋友是用来利用的，哥们是用来出卖的——让我判断这句话是否说得对。我先不说自己的观点，你们谈谈自己对这句话的认识吧。"叫起了四五个学生，他们的回答大致一样，共同认为"真正的朋友不能用来利用，真正的哥们不能用来出卖"。看来他们对朋友有着正确的认识，这为我下一步用故事解决问题做好了铺垫。我说："我的观点和这几个同学一致，不过我对他问我这样的问题而感到疑惑，我就问他为什么问我，他就说了自己刚转到新学校后的事情。"

接着,我把事先虚构好的、与班级发生的类似故事讲给他们听:"他们班里有一个'老大',后面跟着几个'小弟',整天在他屁股后面,屁颠屁颠的。"讲到这里,有几个学生扑哧一声笑了。

"这几个人凑在一起,干点好事也行,可他们好事从来不干,专干坏事。这个'老大'什么也不干,经常给他的'小弟们'零食,于是'小弟们'心甘情愿地给'老大'提书包、做作业、干值日。看谁不顺眼,就让那些'小弟'欺负谁。看似他们是好朋友,其实那帮'小弟'被利用了。"

此处的故事情节,描述的跟班里发生的事件十分相似。此时,我停顿了一下,注视着班里的那四个学生。她们的眼睛不敢与我对视,想必她们的内心肯定忐忑起来。

"有一天,李荣臻不小心踩到了'老大'的脚,弄脏了他的鞋,他让李荣臻给他买一双新的,李荣臻不答应。于是,后来他就故意找李荣臻的茬,让其他同学不跟李荣臻玩,背地里说李荣臻的坏话……"这是故事的重点部分。此处的描述与班级发生事件的性质要相似——欺负同学、孤立同学,但细节不要一样,否则会被学生觉察出是班里发生的事情。

当我讲到这里时,孙鑫等几个学生咬牙切齿,满脸充满了愤怒,用力地攥起了拳,捶了一下桌子。此时,学生的愤怒情绪已经上来了。

我见状,让他们评价里面人物的做法。有的说,那几人太可恶了。有的说,好想把他们揍扁。还有的忍不住用脏话骂他们……

当学生愤怒的情绪上来后,再让学生剖析人物的做法,他们就能做到鞭辟入里,言语犀利。同时,也对那几个学生形成了舆论上的冲击,让她们明白自己的行为是多么受同学们唾弃。

"李荣臻很难过,每天都是自己玩,无奈之下就把这件事告诉了老师,老师一听竟然有这事,马上了解了一下情况,立刻把这几个学生的家长叫到了学校。老师把孩子在学校的表现一五一十地告诉了家长。家长听完之后火冒三丈，抓住自己的孩子就是一顿揍……李荣臻问我，咱们班有没有这样的'小团体'。我说，我们班里没有，若有的话，我也叫他们的家长，让家长把他们带回家好好地反省。这显然是严重的校园欺凌事件，对于这样的事，我零容忍。"

接下来，我让学生匿名"举报"，目的是让她们再一次感受到做坏事带给自己的忐忑不安。

我跟学生说："到底咱们班有没有这样的学生呢，我不是很清楚，最清楚的应该是你们，下面就请同学们拿出一张纸写出他们的名字。如果你认为有，就写出他的名字，没有，就写上'张三''李四'。在写的过程中自己写自己的，不能让别人看到，你也不要看别人的。"

我特意看了一下她们几个，发现她们显得更加紧张，想必她们一定担心自己做的坏事会被曝光。

他们写完之后，我挨个把纸条收了上来。看完纸条后，我立刻严肃地说："我现在公布被同学们检举的名字。"说到这里，我停顿了很长时间，用眼睛扫视着全班同学。她们那几个还是一直低着头，内心肯定提心吊胆、心神不宁。

"当我公布出这几个同学的名字后，也就意味着他们必须立刻离开学校，回家反省。"我又停顿了一会儿说，"他们是——张三、李四。"

我接着说："我说咱们班没有这样的同学吧，咱们班的同学都很团结，目前没有并不等于以后没有，我不希望咱班出现这样的学生……"

其实，在纸条中已经发现了她们的姓名，但是我没有公布，目的是保护她们的自尊。这一系列操作给她们制造了一种十分紧张的氛围，从而让她们饱尝做坏事后内心的忐忑不安。这足以对她们起到了震慑。

过了几天，我再也没听到一涵向我诉说那几个同学背地里说她坏话与她作对的事情。最令我惊喜的是，我看到她们几个和一涵在课下一起玩……

"小团体"犹如班级中的一个毒瘤，如果瓦解不彻底，"小团体"中的学生认识不到自己的错误,就会进一步对被欺负的同学打击报复,给他造成二次伤害;如果瓦解力度过大,则会对"小团体"中的学生造成伤害。因此,解决"小团体"问题,力度拿捏十分关键。

为了把控好解决问题的力度,所虚构的故事,要与班内"小团体"做过的事情类似,并且还要与学生一起剖析故事中学生的行为。通过剖析,让"小团体"从故事中找到自己的影子,知道自己的行为是多么的恶劣,对他人造成了怎样的伤害,同学们是多么厌恶这种行为,自己将会受到怎样的惩罚等,从而,旁敲侧击地震慑、教育"小团体"。

23. 趣味故事，树立正确价值观

当有学生经常恶意诋毁他人时，说明学生的价值观出了问题，班主任可以给学生讲一个富含幽默而又具有教育意义的趣味小故事，用故事中的人和事帮助学生树立正确的价值观。

近来，班内有几个男生经常背地里恶意诋毁别人。比如有同学遇到了困难，其他同学帮助他，就说帮助人的那个同学故意装好人；再如有同学帮助老师倒垃圾，就说他讨好老师；等等。他们之所以这样说，一是因为他们价值观出现了问题，二是他们想以诋毁他人的方式来获取快乐。这一周，有好几个女生向我反映这样的情况。今天的语文课，就发生了一件类似的事。

我正讲着课文，同学们也有滋有味地听着，高雅骏突然因为身体不适吐了。我让聂晓楠陪她到学校医务室去。她的座位底下一片狼藉，散发出了刺鼻的气味，周围的同学都用手捂起了鼻子。我对大家说："谁愿意帮她打扫一下？"没有任何同学愿意。突然，坐在最后排的俎廷斌，举起了手："老师，我来吧。"他边说着，边从座位上站起来，拿起拖把就去拖。同学们看到后，不但没有用掌声去赞扬他，反而那几个喜欢诋毁他人的男生不怀好意地笑了，还低声说着什么。我猜想他们几个可能要借此制造点负面舆论出来。我必须想办法制止住他们，如果让他们的这种行为任其发展下去，会影响同学间的团结，会在班内形成一种不良的风气，以后女生遇到困难谁还敢帮助她们？这件事在课堂上发生，正好抓住时机来教育一下这几个学生。如果只是对学生滔滔不绝地讲一番大道理，学生未必能接受，教育的效果也不一定好。教育学生最好的方式，就是用故事。于是，头脑中突然蹦出了一个小故事。

我对学生说:"我们先停止课文的学习,我给大家讲一个苏东坡的故事。他有一个好朋友,名叫佛印,是个和尚。一天,他俩在坐禅,苏东坡闲着没事,就问佛印:'你看我坐着,像什么?''像一尊佛!'佛印禅师心平气和地回答。苏东坡听了这句话,心里十分高兴,得意地问佛印:'你知道我看你像什么吗?'他连讥带讽地答道:'像一堆牛粪!'"

学生听了后,哈哈大笑起来。

我接着讲:"佛印听后,没有回答。坐完禅后,苏东坡高兴地回家了。他妹妹看到他高兴的样子,就问:'哥哥,你今天为什么这么高兴啊?''我与佛印辩法,终于赢了!'苏东坡高兴地说。妹妹问:'你是怎样赢他的?'苏东坡就把今天跟佛印的对话,一五一十地讲给妹妹听。他以为妹妹听了,一定会夸奖他,可是妹妹听了,却直摇头:'哎……哥哥,你又输了!''我骂佛印是一堆牛粪,他被我骂得一句话也答不出,这怎么是我输呢?'苏东坡感到困惑。妹妹笑嘻嘻地对苏东坡说:'佛印师父心里想的是佛,所以他看你像一尊佛,你心里想的是牛粪,所以你看师父像一堆牛粪。从佛印师父嘴里说出的是一尊佛,而从你嘴里出来的是一堆牛粪。'"

给学生讲故事,不是为了讲故事而讲故事,而是让学生从故事中得到启发,受到教育。只把故事讲给学生听,学生不能从中得到启发,还需要班主任提出有价值的问题对学生进行引导。所以,我向学生提出了这样的问题,引导学生思考:"同学们,你们听了这个故事之后有什么感受,可联系生活谈一谈。"

成家奇说:"苏东坡太不文明了,居然骂人。"

范世成说:"苏东坡自以为赚了便宜,其实是吃了亏,因为骂人就显示出他的素质并不高。"

我评价道:"他们两个谈了对故事中主人公的看法。"

李昊龙说:"我们应该像佛印禅师一样,要尊重他人。"

薄琬颖说:"我感觉咱们班里某些同学的做法,就像苏东坡一样,只想着诋毁别人。从诋毁他人中获取快乐。"

……

马卡连柯说，儿童集体里的舆论力量，完全是一种物质的实际可以感触到的教育力量。让学生联系生活实际谈故事，就是在班级中形成一种舆论力量，对学生进行教育。

我结合刚才发生的事情，总结说："同学们的观点都很正确，如果你心里装着善良，你所观察到的世界，处处充满善良，就像佛印一样；如果你心里装着低俗，你所观察到的世界，处处充满着低俗。一个人的一言一行，都代表着一个人的素质。希望咱们班不要出现那样低俗的同学。刚才，俎廷彬主动帮助高雅骏，这说明他很善良，乐于助人。如果你对帮助他人的人说三道四，说明你的素质不怎样。"

我这一说，有几个男生回头看了看后面那几个低着头、一声不吭的男生。从他们的神态中，能判断出他们对自己的行为感到了愧欠。

下午，我在私底下问几个学生，有没有听到有人说俎廷斌和高雅骏的坏话，他们都说没有。

高年级学生，年龄大了，自尊心强了。有些问题的处理，不能太直接，要在保护好学生自尊的前提下，把问题解决掉。当学生中出现造谣中伤他人的行为时，班主任不妨给学生讲一个富有教育价值和启迪性的趣味小故事，在轻松的故事中，引导学生树立正确的价值观。

24. 励志故事，唤醒主动性

当学生做事不积极、不主动时，班主任要给学生讲一个励志故事。讲故事时，以提问的方式与学生进行互动，唤醒学生做事的主动性。

让学生做事时，学生对所做的事不感兴趣，表现不积极。此时，班主任就需要用励志故事唤醒他们的主动性。

为迎接省级少先队示范学校的复查工作，学校德育处召开班主任会议，要求各班务必于下周一前把教室内的队角装饰完毕，下周二进行全校检查。我把这一工作向学生传达了一下，并且把详细的设计方案告诉了他们。多数情况下，为了漂亮地完成学校的任务，为班级赢得良好的声誉，我会挑选一些做事能力较强的学生去做。这也造成了把更多的锻炼机会让给了他们，而另一部分学生却得不到锻炼。为了使大多数学生在实践中得到锻炼，我把这一任务传达给了全班所有学生，并把机会平等地放在了每个学生面前。我最后说："若有想参加制作的同学，可以自己选择一项，于周四前做完交给我。"

我以为他们会珍惜这次机会，积极地去做，可是到了周四，没有一人上交。显然，学生对任何事情都习惯了被老师安排。眼看就要到检查的日子了，我们还没有装饰，这可怎么办？是指定几个干练的学生制作呢，还是继续动员呢？我犹豫不决、思忖良久，最终还是选择了继续动员。

为了动员他们，我给学生讲了一个励志故事："在非洲草原上有一种草，叫尖毛草。在最初的半年里，它几乎是草原上最矮的草，只有一寸高，人们甚至看不出它在生长。但半年过后，在雨水到来之际，尖毛草像被施了魔法一样，以每天一尺半的速度向上疯长。三五天的时间，它便会长到一米六至两米的高度。"

学生们惊讶了起来。

在讲故事过程中,还要通过问题与学生进行互动,只有这样,才能引导学生思考,才能让学生沉浸到故事之中。我问学生:"为什么最初的半年里尖毛草那么矮,难道它不生长吗?"

我用目光环视他们,没有一个能回答的。

我接着讲:"事实并不是这样的,其实它一直都在生长,但不是在长身体,而是在长根部。在长达六个月的时间里,尖毛草的根部长得超过了二十八米,无声地为自己的将来做着准备。如果没有六个月的默默生长根部,它是无法长到那么高的。"

学生们又一阵惊讶:"哇,它的根这么长啊!"

我根据尖毛草的成长历程,提出问题,引发学生思考:"你们听了尖毛草的成长故事之后,心里有什么要说的,可以结合自己的生活实际,谈一谈。"

在问题的引领下,学生各抒己见。

姜睿芯说:"我们应该像尖毛草一样默默地生长,为自己的将来做准备。"

高昊龙说:"我们不应骄傲,应该默默地努力学习。"

张冰倩说:"在学生时代,我们应该默默成长。"

王一鸣说:"我们也应该不断地积累,一旦拥有了机会,就能快速地生长。"

……

我肯定了他们的回答:"同学们回答得都很对!尖毛草有一个美誉——草原之王,正是由于它前期默默地长根部,才会超越其他草从而赢得'草原之王'的美誉。同学们,你们现在就应该像尖毛草一样默默地生长自己的根部。目前你们的主要任务是想尽一切办法锻炼自己的能力。当你面对一件事情的时候,应该这样去判断值不值得去做:这件事情我做了之后能不能提高我的能力,能锻炼我什么能力。目前对于你们来说任何一件事情(除违反校规校纪、法律的事情）都能锻炼你们在某方面的能力。"

故事讲完了，学生思考完了，还要将故事与学生的实际生活相关联，这样才能发挥故事的作用。于是我把话题转移到了队角布置这件事上："到现在为止快一周了，我们班级后面的队角还没有装饰，其他班级都已经完成，请同学们踊跃地去参加这项活动，从此刻开始，抓住每一件从你面前闪过的事情，抱着一种提升自己的心态去默默地做，你最终会像尖毛草一样成就自己。"

周五下午放学前，姜睿芯、张子怡、张瑞宇、王一鸣、朱文豪、高昊龙、蔡浩然等几个同学把自己制作的作品及照片交了上来。姜睿芯、王一鸣、朱文豪把大家的作品一一粘贴到了队角内，我们顺利地完成了任务。

励志故事，能激励人、鼓舞人。当学生在做事情时，出现了不积极、不主动、不努力等情况，班主任选一个与学生所做事情相关联的励志故事，讲给学生听，引发他们思考，指导他们讨论，用故事中的主人公去唤醒学生的主动性。

25. 名人故事，教学生为失误负责

学生在生活中出现失误后，给他们讲一个名人故事，赋予他们一个人物角色，把他们代入故事中，引导他们思考如何为自己的行为负责。

学生做事时，有时会因自己的粗心大意或者考虑不周，出现失误，从而给班级或者其他同学造成一定的损失。虽然失误不是学生有意为之，但还是要让学生学会为自己的失误负责。

我班承担着校园内的一部分卫生扫除工作，每天都有值日生拿着笤帚、铁簸箕按时打扫。结果，周二的值日生把铁簸箕给弄丢了，这给其他做值日的同学带来了不便——不能收垃圾。

我把周二值日生叫到办公室，既没有批评他们，也没有指责他们，而是问他们怎么办？他们低头不语。一分钟，两分钟过去了，他们一直沉默着。我若是把解决问题的办法直接告诉他们，毫无任何意义。

见状，我便说："我先给你们讲一个故事。美国总统里根和你们一样大时，在他家门前的空地上踢足球，一不小心，踢出去的球，打在了邻居家新装的玻璃窗上，玻璃碎了。愤怒的邻居向他索赔12.5美元。在当时，12.5美元可是一笔不小的数目啊，这对于一个每天只有几美分零花钱的小男孩来说，是想也不敢想的天文数字。闯了大祸的里根没有别的办法，只好向父亲讲了这件事，希望父亲替他担负起这份他无论如何也担不起的责任。没想到，一直宠爱他的父亲却对他说：'你应该为自己的过失负责。'同学们，假如你是里根，会怎样做？"

这一问题赋予了他们一人物角色——里根，把他们带入故事之中，让他

们以故事中人物的身份去思考自己遇到的问题。

崔志杰说:"赔!"刘续也说:"赔!"其余的学生也同意赔。他们找到了为自己过失行为负责的办法。

我反问道:"怎么赔?"刘续说:"我有零花钱。"其余学生说:"我也有。"

我听到他们的回答颇感欣慰,接着说:"故事还没讲完呢。"

我继续给他们讲:"里根很为难地说:'爸爸,我哪有那么多钱赔人家?'父亲拿出了12.5美元,严肃地对儿子说:'这笔钱我可以借给你,但是你必须还给我。因为,承担自己的过错是一个人的责任,是责任你就不能选择逃避。'里根拿着12.5美元,亲手付给了邻居,并向邻居道了歉。此后,里根为偿还父亲借给他的12.5美元,开始了打零工生活。他擦皮鞋、送报纸、打零工……经过努力,他终于挣够了12.5美元,并把它还给了父亲。"

故事讲完后,我对他们的赔偿行为提出了更高的要求:"你们可否像里根一样靠自己的劳动来赔偿呢?"

我这一说,他们又再次沉默了起来。

崔志杰是一个反应很灵敏的学生,他说:"我们可以捡矿泉水瓶,卖瓶子挣钱。"

蒋雨晴笑着说:"对,我们可以卖矿泉水瓶挣钱。"

每天,有很多学生把喝光的矿泉水瓶扔进垃圾桶。为了攒班费,我们班有很多学生自觉地把喝光的矿泉水瓶放进班内的回收袋中,还有的学生把从校园垃圾桶内捡到的瓶子放进去。

我立即对他们的想法表示赞赏,并建议他们,先到五金店问一问一个铁簸箕多少钱,这样捡瓶子的时候,会心中有数。

接下来的几天,便是他们辛勤劳动的日子。课间,他们在校园内四处捡瓶子,有时他们还发动其他同学与他们一块捡。这样,他们辛勤劳作了十几天。一个星期五下午,他们提着满满一编织袋的瓶子,到废品收购站卖掉了。

周一,崔志杰和其他同学,把一个崭新的铁簸箕拿到了我面前,笑着说:"老师，你看!"我向他们竖起了大拇指。

我对学生们说："周二做校园卫生的同学，不小心把铁簸箕给弄丢了，这给做值日的同学造成了极大的不便。他们勇敢地为自己的过失承担了责任，靠自己的劳动——捡矿泉水瓶赚的钱，买了一个新的铁簸箕，他们就像当年的里根总统一样通过自己的劳动为自己的行为负责……"这时，教室里响起了热烈的掌声。他们几个脸上洋溢着自豪的笑容。

学生的失误是一种教育资源，班主任不要怕学生失误。当学生出现失误后，不要一味地批评、指责学生，而是要借助与学生失误契合度较高的名人故事，启发、引导他们思考出为失误负责的办法。

26. 各抒己见，遏制流言蜚语

班级中因男女生交往出现流言蜚语时，班主任就要及时召开班会课，组织学生讨论，在讨论中引导学生树立正确的男女交往观。有了正确的男女交往观，流言蜚语也就不会盛行。

到了高年级，学生间往往会传出一些"谁喜欢谁"之类的流言蜚语。这些流言蜚语，会给当事人造成一定的困扰或负面影响。

学生刚做完课间操，排着整齐的队伍往教学楼走去。我也跟在学生的人群中，往教学楼走去。

我刚要进办公室，郝爱康从队伍里跑出来，几步就追上了我，满脸怒气地说："老师，小浩、小群、小康说我喜欢蒋愉晴。"

这三个，全是调皮捣蛋、不遵守纪律的学生，一天到晚没有别的事，总是说些他人的"绯闻"——不是说这个喜欢那个，就是说那个喜欢这个，并以此为乐。

看到他生气伤心的样子，当务之急是开导他，让他正确对待男女生间的喜欢。我看着他，半开玩笑地问，你喜欢蒋愉晴吗？他红着脸斩钉截铁地说，不喜欢！如果继续追问，他肯定什么也不说，于是，我把话题转移到男生身上，问他喜欢班里的哪个男生。他说喜欢关骏岩，理由是他学习好。我继续跟他讲，喜欢一个人就要发现他身上的优点，向他学习，只有学习他身上的优点，才会使自己变得更优秀。我问他发现蒋愉晴身上有什么优点了吗？他回答没有。此时，蒋愉晴正向我走来。蒋愉晴对我说，她在校园里捡到了一元钱。我告诉她，交到德育处去。我问郝爱康，现在发现蒋愉晴身上的优点了吗？他说，她拾金不昧。我对他说，你善于发现别人身上的优点，不管男生还是女生，多学习人家身上的优点，你会变得更加优秀。

通过我的开导，郝爱康认清了男女生间的喜欢，对这样的绯闻他不再纠结。郝爱康的问题不是个例，我在班里早已觉察到这种绯闻的存在。五年级的孩子，开始进入青春期，开始对异性同学有种喜欢的萌动，他们也就变得八卦起来，尤其是男生，开始在私底下议论谁喜欢谁，这种现象很正常，是每个人必经的阶段。班主任首先要帮助被制造绯闻的学生打开心结，帮助所有学生建立正确、纯洁的男女同学友谊。

因此，召开一次以"同学间如何交往"为主题的班会课，十分必要。周五下午的班会课，我在黑板上写下一行字"你喜欢他/她吗"。班里喜欢说流言蜚语的几个男生，看到后，低着头，偷偷地笑了。

在班会课上，让学生直接讨论男女生喜欢的话题，他们肯定羞于表达，沉默不语。所以，班会课一开始就要从一个适切的话题切入，先激发起学生发言的积极性，让学生畅所欲言，然后慢慢过渡到所要讨论的话题中去。

班会课伊始，我先以风景为话题切入，引导学生展开讨论，鼓励学生发言。

我说："我们先讨论一下关于风景的话题。你们喜欢到风景秀丽的地方去，还是喜欢到令人恶心的臭水沟边？"

学生不约而同地回答说："风景秀丽的地方。"

我问学生："你去过的哪些地方给你留下了深刻的印象？"

马嘉蔚说："泰国。那里天空湛蓝，空气清新，走在大街上，那就是一种享受。"

李昊龙站起来说："我感觉内蒙古大草原很美，一望无际，到处绿油油，让我流连忘返。"

……

每个学生都有亲身经历，所以学生越说越积极，越说越踊跃，越说话越多。接着，我由风景的话题转到了班内同学交往的话题上来。

我说："讨论完风景的话题，咱们再讨论一下与风景类似的话题——同学交往。咱们班的男生有没有喜欢咱们班的女生，或者咱们班的女生有没有喜欢咱们班的男生？"

有些学生"扑哧"一下笑出了声，并且还四处张望。他们笑着并且拖长声音说："没——有——"声音怪怪的，显然，这声音要表达另一番意思。我清楚地明白他们的笑声到底要表达什么，所以把问题聚焦在了同性同学间的交往上。

流言蜚语，都是男生传出来的，所以我直接问男生："咱们班的男生有没有喜欢咱们班男生的？"

他们异口同声地大声回答道："有。"

我叫起了邓永川，问："你喜欢谁？"

"关骏岩。"

"你为什么喜欢他啊？"

"因为他身上有许多优点，比如学习好，上课能认真听讲，我可以向他学习。"

关骏岩的脸上露出了自豪的表情。

"刘续，你喜欢谁？"

"李昊龙，因为他喜欢看书，学习也很好，我要向他学习。"

……

我引导着男生充分表达自己的观点。他们各抒己见，把自己心目中喜欢的男生一一说了出来，并说出了充足的理由。大家的交流还是停留在同性同学交往上。最后，我引导学生思考异性同学间的交往："是啊，只要是美的地方，人们都愿意去。风景秀丽的地方是自然界的美，那么，优点则是人身上的美，只要是美的东西，人们都会喜欢。在我们班，每个同学身上都有美的地方，都有值得你学习的地方。男生身上有优点，女生身上也有优点。古人云：与朋友交游，须将他好处留心学来，方能受益。在我们班，不仅要男生喜欢男生，女生喜欢女生，还要男生、女生相互喜欢。彼此发现对方的优点，相互学习，才会使你自己变得更加优秀。为了使自己变得更加优秀，你就要大胆喜欢班里的同学，不管男生还是女生，喜欢就是为了从他身上学习优点。"

没过多久，其他班级开始大量传出男女生的"绯闻"，流言蜚语不断，而我们班则风平浪静。因为他们懂得了，彼此的喜欢是一种欣赏，更是一种学习。

27. 座位拍卖，解决调位难题

调位一直是班主任工作中一个比较棘手的问题，但座位拍卖让学生凭借自己在班级中挣得的"工资"进行竞拍座位，给学生自主选择位置和同桌的自由权，让调位不再是难题。

调位一直是班主任工作中一个比较棘手的问题，也是困扰班主任的一大难题。

大部分家长都想让自己的孩子坐前排，但是前排就那么几个位子，不能满足所有家长的要求。老师调位，往往会从纪律、学习等角度综合考虑。可是，老师给安排好的位子学生不愿坐，给安排的同桌学生不情愿……一调位，就有学生找，家长找，座位涉及学生的个人利益问题，调位可谓困难重重。采用"座位拍卖"的方法调位，一切难题迎刃而解。

我在班级里用经济学的方式管理班级，每个学生都有自己的劳动岗位。学生可通过自己的劳动，在班级劳动岗位上获得"工资"。劳动岗位分为基本劳动岗位和额外劳动岗位。基本劳动岗位，有卫生岗、学习岗、轮值班委岗等。每个学生通过基本劳动会获取一定的"工资"。此外，学生可以根据自己的情况和兴趣，选择额外劳动岗位进行劳动，比如拖走廊、摆桌子、开关窗户等等。学生通过额外劳动和参加各种活动，能获得额外"工资"，干得越多获得的"工资"就越多。

学生挣得的"工资"，用来干什么呢？参加班级举行的各种活动，比如座位拍卖会等。

为解决调位难题，我把座位以拍卖的形式拍卖给学生，学生凭借自己平常劳动获得的"工资"竞拍，流程大致如下——

首先，学生自己选择位置和同桌。我给学生一张空的座次表，座次表上分A、B、C三个区域，每个区域标明座位的起拍价，位置越好价位越高。学生根据座次表自愿选择位置和同桌，想上哪里去就上哪里去，想跟谁同桌就跟谁同桌。选好位置后，把名字写在座次表上。在调位上给了他们足够大的自主权。学生有了自愿选择位置和同桌的权利和自由，当然很高兴。

其次，举行座位拍卖会。学生在空座次表上选择好位置之后，便举行座位拍卖会。有的位置正好一人选择，不多不少，那就按照起拍价"卖"给选择该位置的学生。有的位置，好几个学生都喜欢，怎么办？拍卖。谁出的价高，位子就是谁的。竞拍成功的学生，欣喜若狂。竞拍失败的学生，只能上空着的、没人选择的位置。失败的学生，谁也不埋怨，只能怨自己平常"工资"挣得不多。张鹤松，在一次座位拍卖中因"工资"不够，失败了，只好到了没人选的位子上坐着，但是他下决心努力挣"工资"。在接下来的一个月内，他自己主动多干了许多额外劳动，参加了很多活动，挣了很多"工资"，下一次座位拍卖会终于竞拍到了自己心仪的位置。

最后，调整座位、公布规则。学生拿着自己的书包，欢天喜地地来到新的位置。我跟学生讲，让你们自由调位是为了让你们在学习上相互帮助，而不是凑到一块说话，要好好珍惜自己竞拍到的座位。同时，为了维持好上课的纪律，我向学生公布了调位后的纪律：上课第一次说话，提醒；第二次说话，回到原位；第三次说话，"工资"清零；第四次说话，全班跟着一块调回原位。调位后，严格的规则，约束着每一位学生；来之不易的位置让每位学生倍加珍惜。

座位拍卖，给了学生选择座位最大的权利和自由，学生全凭自己挣得的"工资"进行竞争，排除了一切人为因素的干扰，调位就不再是难题。

28. "迟到奖励券"，让学生上课不再迟到

学生上课经常迟到，就借助"迟到奖励券"，帮他规划好自己的课间，养成按时上课的好习惯。

上课迟到，是一种不好的行为习惯。学生因特殊情况，偶尔迟到，情有可原。可是学生经常迟到，就能形成一种不好的行为习惯，班主任必须帮助学生纠正。迟到的学生，往往是上课铃响后，才气喘吁吁地进教室。课前没把学习用品准备好，进教室后，才从书包里拿出上课用的学习用品，还要休息一会儿，平静一下内心，然后才开始听课，这样就耽误好几分钟。说不定课间发生的事，还一直在头脑中徘徊，进而导致自己上课无法认真听课。一节课这样，一天这样，一周这样，一个月也是这样，一学期还是这样，学习成绩势必受到影响。迟到看似小事一桩，其实是一件耽误学习的大事。

我以前带的班里总有几个学生经常迟到。这几个学生只要一下课，就拔腿跑出教室，飞奔到操场上玩耍。我们教室在三楼，从三楼到操场有一段很长的距离，课间一共十分钟。其实十分钟可以为下一节课做很多准备活动，比如，上厕所，准备下节课的学习用品，做个简单的小游戏放松一下，等等。但是如果要痛痛快快地玩，这十分钟显然不够用。学生跑到操场上，会玩得忘乎所以，以至于忘了上课的时间，当听到上课铃响后，才满头大汗地往教室跑，但为时已晚。结果就是迟到。

习惯了迟到的学生，很难通过一般的措施纠正过来。为此，我设计了一个专门纠正学生迟到行为的"奖励券"——"迟到奖励券"，教给迟到学生如何充分利用课下时间，做到上课不迟到。

迟到奖励券

你因课间贪玩，忘记了上课时间，不幸迟到了。

"奖励"你下午大课间，在教室安静读书、做作业、准备下一节课上课的物品和知识。

请提前规划好内容：

_____

_____

完成后，请田老师检查。

迟到带来的损失：

_____

_____

请你记住：课间要合理安排时间，先拿出下一节课的学习用品，还可以预习下一节课老师要讲到的内容，上厕所，稍微放松一下，为下一节课做好各种准备。一定要记住，课间是为下一节课做准备的。

"迟到奖励券"，主要包括四部分内容。第一部分是迟到的原因。虽然，迟到的学生有自己的迟到理由，但是大部分情况是因为贪玩导致的。第二部分是对迟到学生的"奖励"。"奖励"他安静地在教室里读书、做作业、准备下一节上课要用到的物品和知识，还让他自己做好课间规划。这是一种矫正学生迟到行为的办法，也是培养学生充分利用课下时间的措施。第三部分是迟到给自己带来的损失。目的是引导学生静心反思迟到给自己带来了哪些损失，比如获得"迟到奖励券"后不再自由了、耽误上课学习了、挨批评了等等，以后要加以避免。第四部分是温馨提醒，告诉学生以后该怎么做。课间十分钟，时间并不长，在这十分钟的时间里，学生可以上一下厕所，放松一下，为下节课做好各种准备。但是迟到的学生，往往不能做好这些，更不知道要这样做。

　　学生每迟到一次，我就发给他一张"迟到奖励券"。我发给学生后并没完事，还要帮助他做好课间规划，并监督他执行好。首先让学生自主规划，然后我再检查他的规划是否合理。习惯一下课就往外跑的学生，在教室里他会不知道自己能做些什么，我就手把手地教他做好规划，并让他按照规划的内容一项一项地去执行。

　　当学生能够按照规划在课间执行好后，我会在班里隆重地表扬他。学生按照自己的规划完成后，能体会到由此带来的快乐，以后他就会按照"迟到奖励券"的要求继续做下去。

　　"迟到奖励券"的发放，我从来不亲力亲为，而是把它交给经常迟到的学生去做，这样能帮助那个迟到的学生改掉迟到的习惯。小林是我班迟到次数最多的学生，我把发放"迟到奖励券"的任务交给他。他接到这个任务后，很高兴，为了能发现哪些同学会迟到，课下就不再出去乱跑了，而是准备一个小本子，专门记录迟到的同学。他一下课，就提醒大家上课不要迟到。通过这件事，还增强了他的班级责任感。

　　在"迟到奖励券"的"奖励"下，学生迟到的次数越来越少了。荷兰哲学家伊拉斯谟说，一个钉子挤掉另一个钉子，习惯要由习惯来取代。当学生养成了按时上课的习惯后，迟到的习惯也就自然消失了。

29. 留出时间，让学生自己解决祸事

学生惹了事，闯了祸，班主任不要急于替学生解决，而是要给他留出时间，让他自己去解决。

每个班都有几个关系比较铁的学生，整日形影不离。他们在一块儿不是相互学习，而是为了玩，为了闹，有时还一起惹出祸来。

小彬、小松，是班里关系最铁的两个学生。他们只要在一块儿，就会惹出一点麻烦来，每天总有给他们处理不完的事。

周三上午，我外出学习不在学校，下午到校后，小琪告诉我上体育课时，小彬和小松把小奇给压哭了；小蓉过来跟我说，小彬抱起小松，小松用脚踢了她一下。

我听她俩这么一说，便让小琪把他俩还有小奇叫到了办公室。

小学生在一起打打闹闹，很正常，有时会不小心把其他人碰倒，我曾告诉过他们处理类似事件的方法——要先把人家扶起来，并道歉，如果受伤了，还要带人家到医务室。结果，他俩又没有按照我教的方法去做。每次惹事之后，我总是批评他们一顿，替他们想出解决问题的办法。因此，他们没能从发生的事件中，学会如何解决问题。这次，我决定让他俩自己解决。

小彬气喘吁吁地来到办公室，一五一十地把和小松闹玩时惹的事说了一遍。

不一会儿，小松满头大汗地来到办公室。我问他上午干了什么事。一开始，他达不承认，后来在小彬的提示下承认了自己惹的事。

我一听，所讲事实与小蓉和小琪讲的基本吻合。事实基本清楚，责任划

分，也就很明确了。我说："事实都已经清楚了，责任在小松和小彬，你们俩打算怎样解决这件事？"

他俩不语。

我提示他们说："遇到这样的事，以前，我是怎么教你们解决的？"

小彬说："把他扶起来，再道歉。"

"那就自己去解决吧。"

我以为他俩会主动到小奇和小蓉那里去说声对不起。谁知，他们没有任何动静，一直站在那里。这次，我没有像往常一样帮着他们解决，而是留出时间，让他们自己去解决。我没有再告诉他们具体解决问题的办法。

一分钟，两分钟，三分钟过去了……我看他俩还是没有动静，心里不免有些着急，这样耗下去，说不定就会耗到上课也解决不了，我得给他们"搭架梯子"——"你去跟她俩说声对不起。"这时，我观察到小彬的右脚往前迈了一步，然后又缩回去了，他有道歉的想法，但又被什么念头给打消了，小松呢，手在不断地揉搓着自己的衣角。从这些细节中，我可以判断出他们有主动道歉的想法，但缺乏说出的勇气。于是，我就坐在那里继续静静地等着，看着他们。几分钟后，小彬终于勇敢地迈出了自己的脚步，走到小奇面前说："对不起。"然后又走到小蓉面前说："对不起。"小松也走过去说："对不起。"我站起来，鼓起了掌。我说："掌声是送给你们两个，你们能自己解决问题并敢于为自己做的错事承担责任，这叫担当……"

这漫长的数分钟，他们的内心经历了激烈的斗争——去还是不去，是等老师让去还是自己主动去；这漫长的数分钟内，他俩学会了担当。经历了这漫长的数分钟后，他俩突破了自我，学会了如何解决问题。

30. 巧借智慧，化解课堂纪律难题

解铃还须系铃人。上课纪律出了问题，班主任不妨把问题抛给学生，借助学生的智慧，解决课堂纪律。

每个班总有几个上课爱说话、打闹的学生，把课堂弄得乱糟糟。课堂纪律是保障教学有序进行的基础，当课堂纪律出现问题，班主任要立刻想办法解决。

新学期刚开始，一切都很顺利，学生表现良好，上课认真听讲，下课有序活动，我没有收到任何投诉，以为这一学期会比上一学期好管理很多。好景不长，两周后，任课老师不断向我反映，近来学生上课纪律不太好，说话的、回头的、做鬼脸的很多，完不成作业的也不少。

为了解决纪律问题，我专门召开了一次班会课，先让学生自己谈发现的班级纪律问题，再一起讨论如何解决。

上课伊始，我问学生："这几天，咱们班的纪律怎样？"通过这个问题，引导学生对班级存在的纪律问题进行反思。

他们异口同声道："不好！"看来，他们确实已经意识到了班级存在的纪律问题。

我说："你们还挺诚实的，看来心里都有数，是吧？说说如何不好。"

我叫起几个学生，让他们把班上存在的纪律问题一一说出来。

"既然存在这些问题，我们必须想办法解决啊，谁有好办法？"我把如何解决纪律问题抛给了他们，一是想促进他们对班级纪律的思考，二是他们自己思考出来的办法比较容易执行。

王艺涵首先说:"打了预备铃,老师还没来,大家都没事干,可以给大家布置一点作业,这样他们就不说话了。"

我表扬她:"这个办法好,不愧是班长,点子就是多。"

郭子奇说:"我上课说话是自己管不住自己,可以让我的同桌提醒我。"

我表扬他:"这个主意,也不错。"

徐梦阳说:"上课说话,会影响其他同学听课,我认为,应该让那些说话的同学给受影响的同学补课。"

……

他们制造问题,也能解决问题,经过讨论,形成了很多种解决班级上课纪律的方法,我把他们想出的办法,一一写在黑板上,有的解决方法很实用,有的解决方法很幼稚,有的解决方法不可行。我把相似的方法进行合并,不可行的删除,不完善的补充,最后,提炼成了解决纪律问题的三招。

第一招:候课背诗。上课铃刚打响,老师还没有来到教室,这是极容易出现纪律问题的时间段。在这段时间里,学生往往会无所事事,闲来没事不自觉地就会说起话来。在学生说话期间,任课教师来到教室,就会感到这个班级比较乱,纪律差。给学生安排复习任务或预习任务,有学生也不会做,个别的还是会说起话来。最好的办法就是,安排一个集体动嘴出声的学习活动,比如背古诗接龙。古诗接龙,一首接一首,有节奏,有韵律,一起背诵,整齐划一,背起来、听起来都是一种享受,这样就不会出现违纪现象。如果有也是个别,但是个别影响不了全班的高声背诵。任课教师一来,就立刻停止。每一节课,不管是语文,还是数学,还是英语,都让学生背,这样学生就腾不出嘴再说话了。

第二招:纪律员提醒。在课堂上,当老师讲到学生比较感兴趣或者好玩的地方时,学生会不自觉地进行讨论或发出感慨,当一个学生这样做之后,三五个学生便会带动全班这样做。无序的讨论、感慨在课堂上一出现,课堂纪律就出了问题。课上集体出现的违纪情况,就像羊群效应中讲到的那样:

在一群羊前面横放一根木棍,第一只羊跳了过去,第二只、第三只也会跟着跳过去;这时,把那根棍子撤走,后面的羊走到这里,仍然像前面的羊一样,向上跳一下,尽管拦路的棍子已经不在了。此时,全班所有学生陷入了一种羊群的集体无意识状态中,根本意识不到这是一种违纪行为,只是跟着说话的同学去做。当老师去提醒时,课堂纪律可能已经发展到无法控制的局面。为了防止这种现象的出现,我在班里安排了四个纪律员,每组一个,只要组内有说话的同学,就立刻提醒:"某某同学,保持安静,认真听讲!"大部分学生,就能从无意识中清醒过来,会按照纪律员的提醒去做。课堂上的集体违纪也就终止了。

第三招:违纪补课。有些学生在课堂上的违纪不是明目张胆的,而是在底下悄悄进行,上着课与周围的同学说悄悄话。虽是低声细语,但在影响自己的同时也影响了周围的同学。一心想学习的学生,对这样的同学特别反感,会在无奈之下向我反馈。我没有惩罚说话的学生,而是让他利用课下时间给受他讲话影响的学生补课。通过补课的方式,迫使说话的学生想办法把课上老师讲的内容弄明白,然后再给受他影响的学生补课。这样上课说话给自己和他人所造成的损失也就弥补了过来。个别学生的违纪也就很少出现了。

班级纪律对于一个班级来说尤为重要,它体现着一个班级的班风班貌,更为重要的是还影响着任课教师在班级中的授课质量和学生的学习质量。一个拥有良好纪律的班级,任课教师教得舒心,学生学得高效。班级纪律一旦出现了问题,班主任不要独自一人去解决,而要召集问题的制造者——学生,一起讨论出现了哪些纪律问题,一起探究问题的根源在哪,让他们出主意想办法。

只有学生自己发现班级存在的纪律问题,找到解决方法,才能真正解决班级纪律问题。班主任只需要把学生想出的办法进行归纳总结提升,然后带领学生一起执行。

31. 反向表扬，让学生做操不再说话

有学生做操时经常讲话，班主任不要直接批评，而是选好一个点对他进行表扬，把对学生的批评隐含于表扬中。

每个班总有几个学生，借助课间操这种集体活动，趁班主任不注意时在那里聊天。班主任一朝他们身边走去，他们就立刻闭上嘴，装模作样地做起操来。一离开，他们又继续说起来。显然，和班主任玩起了游击。对他们的行为，直接批评，有时作用不大，不妨把批评隐藏在表扬之中，也就是在表扬他们的同时暗含着批评，看似表扬实则批评，我把这样的表扬称之为"反向表扬"。

今天上午课间操，大部分学生在认认真真做操。又是那几个学生，一边做操，一边聊天。他们聊得太投入，还发出了笑声，以至于没有发现我的到来，被我逮了个正着。这四个学生，每次做操都说话，我批评了好几次，都不管用。这次，我没有批评他们，只是让他们回教室，把说话的内容写纸上，上课时交给我。

第三节课上作文讲评课，我走进教室，他们四个一起把纸条交给了我。我看了看纸条，没有对他们说什么，就让他们回到了自己的座位上。按照作文讲评课的教学环节进行着——喊出名字，欣赏佳作，修改作文。

在欣赏佳作环节中，欣赏完其他同学写的片段后，我加了一个小插曲，说："下面，我们一起欣赏几个同学在做操时说的话。"我把尹嘉琪交给我的纸条，投在了大屏幕上："同学们，请看这个同学写的人物对话。"

李梦琪高兴地说:"你有蜗牛吗?"

"没有。"我看了看李梦琪说,"你有吗?"

"我也没有啊。"李梦琪说。

当尹嘉琪看到自己写的说话内容,被投到大屏幕上时,不由得紧张起来。

我说:"这个同学写的人物对话,很好,我们一起读。"

同学们一边读,一边笑。尹嘉琪看到大家的表情后,低下了头。

我没有对她的行为进行批评,而是从写作角度引导大家思考,发现对话的优点:"读完后,你认为这对话有什么值得你学习的地方吗?"

李梦琪说:"她运用了提示语的三种形式,这样写就不呆板。"李梦琪是片段中的主人公,我没想到她会站起来回答这个问题。

我点评说:"是的,她写的提示语,富有变化,形式多样。"

此时,李梦琪一直低着头,她内心肯定为自己做的错事感到愧疚。

"我们再来欣赏另一个同学的。"

出示:

刘晨曦说:"我在这站着!"

我说:"你给我站这!"

"我就站这!"刘晨曦说。

我生气地说:"你给我站这!"

王政豪站起来说:"他写的提示语有的在句子前,有的在句子后,没有在句子中间。"

"谁能给赵子墨写的句子在中间加上提示语?"

大家绞尽脑汁,都加不上。

我接着说:"你们加不上就对了。你们看,赵子墨写的句子很短,这样的句子叫短句。短句不好在中间加提示语。不只赵子墨写的短,尹嘉琪的也短。尹嘉琪,你为什么这么写?"

尹嘉琪,不好意思地说:"当时,就说了这么点,所以,我就写了这些。"

我继续追问:"为什么说这么点呢?"

赵子墨抢着说:"我们做操时说话,怕被老师发现。"

他一语道破了"天机",把内心的真实想法说了出来。其他同学笑了起来。

我也没有对他的行为进行批评,而是冲他竖起了大拇指,幽默地说:"他们说话,是在不安全的情况下进行的,一边说,一边还要四处张望,看看旁边有没有老师。所以,不能长谈,不能放松,只能简短地说,提高警惕地说。一旦说长了,就完全放松了下来,警觉性不高了,就发现不了田老师了。虽然,警觉性很高,但是说的还是有点长啊,结果被我捉住了。如果一句话不说,就不会被我捉住了。"学生哈哈大笑。

课上,我引导全班围绕他们做操时的说话内容进行讨论。课下,我单独对他们说:"以后,做操要认真一点哦,不要做跟集体活动无关的事情。"他们不好意思地点了点头。

我没有直接批评他们的违纪行为,而是借助作文讲评,从写作的角度表扬他们。把对他们的批评有机地融在了表扬之中,在表扬的同时,把他们的违纪行为告知了大家,让他们从中感觉到了<u>一丝丝</u>不好意思。

小学高年级学生,多少有点叛逆,有些事情你不让他做,他偏要做,所以有时对他们进行直接批评会适得其反,你越批评他越去做。班主任面对他们的错误行为,要寻找恰当的时机,巧妙地把批评隐含在表扬中,让他们在表扬中感受到那份批评。这种方式既能让学生意识到自己的错误,又能让学生接受批评,还能促使学生改正错误。

32. 头脑风暴，解决学习苦恼

个别学生在学习生活中遇到难题后，想不出解决问题的办法，班主任要组织全班进行头脑风暴，一起思考，一起讨论，帮他解决。

班里有几个"没头脑"，每天不是忘带语文书，就是忘带数学书。来到教室后，发现书没带，只能干瞪眼，这，成了他们苦恼的事。

第一节语文课，王政豪、王浩然的语文书又没带。他俩呆呆地坐在座位上。这一天有两节语文课，上午一节，下午一节。王浩然，中午回家，下午把语文书带来了。王政豪，在学校午休，没法回家，下午的语文课，仍旧没有语文书，依然在那里呆呆地坐着。其实，他内心也非常着急，但不知该如何解决。

为了教会学生解决类似的问题，我组织大家进行了一场头脑风暴，分小组思考解决问题的办法："如果有同学忘带书了，该怎么办？"

我让他们前后四人组成一个小组，要求各小组选出一位组长，负责组织本小组的讨论，并及时把组员的发言内容记录下来。

先给他们五分钟时间，进行组内第一轮讨论，在讨论过程中，每个组员，都要积极发言，多想，多思考，想出的办法越多越好。第一轮的讨论，只求数量不求质量，哪怕是天马行空的办法都可以，小组成员尽管说，不对所说的想法做任何评判。比如在讨论中，张子硕提出了"以闪电的速度跑回家去拿"。这一想法，显然不合理，但小组对此不进行评判。

为了鼓励他们多说，我在巡视过程中，每到一个组就会说，你们说得很好，再说得多点会更好。

第一轮讨论结束后，开启第二轮讨论，时长为五分钟，由各组长主持，对组内的各种想法进行合并整理，意思相近的办法合并为一条，还要讨论各种办法是否合理、实用。这时的讨论注重质量，保留合理、实用的办法，删除不合理、不实用的想法。

一组的张馨语提出了"一边听老师讲，一边把内容记在本子上"的办法，他们认为这根本实现不了，老师讲得太快，记不下来，于是把这一条给删除了。

二组的李梦琪提出了"借同桌的书"，另一个提出了"同桌两个看一本"，他们认为这两个意思差不多，于是把这两条合为了一条"同桌两人一起看"。

第三轮讨论，是各小组长汇报本组内的讨论结果，我根据大家的汇报情况，组织大家对问题进行评判、梳理，即使跟其他小组有重复的办法也要说，毕竟是大家一起思考的结果，要展示出来，最后全班确定最优办法。

二组提出了"给家长打电话，让家长送书"的办法。有同学不认同这一观点，他们说，家长上班的单位离家比较远，没法在短时间内送来。有些学生认同这一观点，他们说，如果家长在家就可以及时送来。总之，大部分学生认同这一观点。

三组提出了"向其他班的同学借书"的办法。大家都比较赞同这一观点，因为不耽误任何同学用书。

四组提出了"向老师借书"的办法。

……

最后，在大家的讨论中，确定了这样几个比较合理的解决问题的办法，按照优先等级，排列如下：1. 向其他班的同学借书；2. 给家长打电话，让家长送书；3. 向老师借书。

学生出现忘带书的情况，按照以上顺序，选择最优办法解决。最后，我建议学生，做完作业要及时按照课程表收拾书包，这是避免忘带书的关键做法。

学生在学习生活中遇到难题后,班主任要"小题大做"——在班里组织头脑风暴,引导全班一起讨论,一起动脑筋想办法。在讨论中,学生能够想出很多解决问题的巧妙办法。学生讨论出来的办法,更走心、更实用,走心、实用的办法才是好的办法、奏效的办法。

33. 借助微信，培养阅读兴趣

家长在朋友圈、班级微信群发一发孩子读书的照片，家长间相互点个赞，互相评论一下、鼓励一下，能让读书的孩子收获认可和赞美，久而久之，孩子就会爱上阅读。

俄罗斯著名儿童文学家谢尔盖·米哈尔科夫说，无论孩子们的家庭和学校生活多么有趣，可是如果不去阅读一些美好、有趣和珍贵的书，就像被夺去了童年最可贵的财富一样，其损失将是不可弥补的。由于部分家长没有意识到读书的重要性，缺乏培养孩子读书的意识，所以有些学生不喜欢读书。为了激发学生的读书兴趣，我策划了一个"60天读书行动"。

不管什么样的活动，学生参与的兴趣最为重要。我首先通过与学生对话的方式，激发学生参与读书行动的兴趣。

语文课上，我在教室的黑板上写下这样几个字"60天读书行动"。

我解释说："'60天读书行动'，简单地说，就是在家读60天的课外书，从4月1日一直读到5月30日。请你家长把你读书的照片发到班级群和他们的朋友圈，让咱班的所有家长都知道你在读书。想加入'60天读书行动'的请举手。"

班里有45个学生举起了手。

"好！这45个同学就先加入'60天读书行动'，从4月1日开始，就正式行动，我今天就告知你们的家长，让他们为你们拍照片、晒照片。"

学生的学习兴趣有了，然后发布一则信息，启动读书行动，并告诉家长如何做。下午，我在微信群里发了这样一则消息：

60 天读书行动

为了进一步促进你的孩子读书,你的孩子自愿加入了"60 天读书行动"。只需要家长每天把孩子或家庭读书的照片,在家长群里或朋友圈里晒一晒,即可完成一天的任务。

活动时间:4 月 1 日—5 月 30 日。

没想到,当天下午放学一小时后,就有学生家长在群里晒出了孩子读书的照片。过了没多久,其余的家长也纷纷晒出了孩子读书的照片。参与人数超出了我的想象。嘿,没想到这一招还真灵。就这样,我们的"读书行动",便行动了起来。

接下来,我和家长一起为每个学生的读书行动点赞。每个学生都希望能得到他人的认可和赞赏,一旦自己的读书行为得到了认可和赞赏,读书的劲头就更足。每天晚上,家长们都会把孩子读书的照片传到微信群里,发到朋友圈里。我每天下午回到家,都会迫不及待地打开微信群、朋友圈,看一看他们读书的样子:有的在自家店铺里读,有的躺在床上或沙发上读,有的男生干脆赤着膀子读,有的端坐在书桌前读,有的一边吃着零食一边读,还有的在书店里读……就这样,孩子们读书的背影,被家长们每天用手机记录着。用心的家长还用海报制作软件,将照片制作成海报发到群里。如李文倩家长在美化孩子读书照片的基础上,还写上了"60 天读书计划之李文倩读书第 15 天《中国神话故事》"等字样。我对每个学生的读书照片都进行点赞和评论。我不但点赞、评论,还倡议家长也这样做。家长们不但晒照片,还评论,"刚子恒,读书真认真!""瞧!赵子墨一身肉肉,哈哈!""郭子奇读书时,灯光有些暗,要注意保护眼睛"等等。每天,家长们把孩子读书的照片往微信群、朋友圈里一发,大家都互动起来,不是评论,就是点赞。

有了大家的点赞和评论,家长们往微信群、朋友圈传读书照片的劲头更足了，学生读书的热情更高涨了，一天没落。就这样，微信群、朋友圈，营造出了一个个浓厚的家庭阅读氛围，激发了学生的读书兴趣，培养了学生的读书习惯。

最后，我们用一大群人影响一小群人。在大部分读书学生的影响下，不读书的学生，也逐渐读了起来。潘奥林在家几乎不看书，当自己看到群里有许多同学的读书照片后，也主动要求妈妈给他拍读书的照片。后来，他妈妈在自己的空间里上传了孩子读书的情景，并自豪地写道："皮孩子也读书了！"唐华阳在家也不读，当妈妈看到其他家长往群里传照片后也督促自己的孩子读。唐华阳妈妈把孩子读书的照片传到群里说："上传一张读书照片，跟上大部队的进度。"一次，唐华阳生病了，晚上没有读书，早上起床就拿起书来读，妈妈表扬他说："精神可嘉！"董柏旭妈妈看到孩子现在能主动读书，留言说："谢谢田老师，总能替家长想出好的办法。"王嫣然妈妈也留言说："这是治愈懒惰的良方。"

转到其他学校上学的李暖暖，看到曾经的同学们每天读书、晒读书照片，羡慕了起来，也主动加入进来。

在孩子的影响下，有些家长也加入到读书行动中，每天与孩子一起阅读。

学生读书，要有兴趣。兴趣的激发，需要靠外部的认可和赞赏。微信，在很大程度上帮助学生获得了他人的认可和赞赏。

34. "班级小网红"，激活写作热情

假期，学生不想写作文，那就定期在网上举行"我是班级小网红"活动，让学生说一说假期的新鲜事，以此来激活学生的表达欲。

在家，学生最不愿写的作业就是作文，一是学生不想绞尽脑汁地去想去构思，二是在家没有写作氛围。要想解决学生在家不写作文的难题，就要营造氛围，激发学生的写作热情。

2020年，因为疫情，学生拥有了一个漫长的寒假，也开启了散漫的线上学习生活。鉴于线上学习质量较差，尤其表现在作文的学习上，我思考了很多：想到了线上学习没有师生的互动，只是学生单方面地接受信息；想到了没有现场的比拼，没有写的氛围；想到了班上部分学生一心想当网红的梦想，还有学生开了抖音号，时不时往上发点视频；想到了抖音上的那些主播，想到了他们之间的PK……解决写作文问题的方法，便在我的胡思乱想中逐渐有了点眉目。

我在班级QQ群中，发出了这样一则信息：

"我是班级小网红"召集令

各位同学：

大家好！你想当主播吗？你想成为网红吗？让我们于2月15日19：30，相聚在小种子教室QQ群，通过视频直播的形式，聊一聊自己的假期生活，实现你的网红梦吧。

我们的直播采用学习小组PK的形式，在直播过程中最受欢迎的同学，

将会获得"班级小网红"称号，有幸成为下一期的视频直播的主播；在 30 分钟内，哪个组讲的假期生活最少，将要接受大家的惩罚哦。

"聊聊假期生活"环节如下：

第一环节：抢麦。4 人可同时视频，谁抢到了，谁就可以上麦。

第二环节：讲假期生活。按照上麦的先后顺序，每个同学最多讲五分钟，最少三分钟，讲完后立刻下麦，没上麦的同学可以再次抢麦。

第三环节：奖励与惩罚。评选出网红主播，你认为谁讲得好，就选谁，选出来的主播，进行下一期的主持活动；讲得最少的小组接受大家的惩罚。

第四环节：大家一起确定下一期的聊天主题。

当我在群里发出这样的通知后，不到一分钟的时间，"潜水"的学生积极响应。

QQ 群视频直播如约而至，我们按照事先制定的环节顺序，依次进行。

首先，进入第一环节——抢麦。

QQ 群视频，最多一次性 4 人同时视频，谁先抢到算谁的。为了公平起见，我控制着上麦权限。"同学们，时间马上就要到了，我就要准备放麦了，你们准备好了吗？"

一放麦，呼啦一声，上去了四个同学。其中一组的同学占据两个麦，二组一个，三组一个。大家好久不见了，有种兴奋的感觉，一上麦就热情地打起了招呼。我好不容易才维持好秩序："当一个同学讲的时候，其他同学要认真听哦，没听明白的地方，或者想问的问题，都可以文字形式，发到群里。等讲完后，再根据同学们的问题，一一答复。"

其次，进入第二环节——讲假期生活，这是整个活动的重点环节。

小蓉第一个抢上麦，先讲："我给大家讲个风俗，我家在安徽，我们那里过小年要吃'送灶粑粑'，也就是黄屯大饼。用米粉或糯米粉做成饼，用豆干、肉、蔬菜等做成馅。奶奶是做黄屯大饼的高手，右手拿面皮，左手放馅料，包成扁圆的大饼坯。把坯放在荷叶上，放入锅中，蒸熟。大概十多分钟即可端出……"

学生在讲述过程中，有不明白的地方可以在下面留言，"好吃吗？""开学后，给我们带点来尝尝。""让我们看看也行啊。"最后，小蓉一一对同学们的留言进行了解答。小蓉一退，四组的小猛终于抢上了麦，为他们组赢得了一次机会。他们组的同学，为他竖起了大拇指，向他献上了鲜花。

第二个讲的是小寒："近期，由于病毒的缘故，可把我老爸的那帮同学给憋死了。"刚说到这，视频中的三个学生都笑了，其他同学也发上了大笑的表情包。想必大家都感同身受。

她继续讲："晚上我们正吃着饭。爸爸的同学发起了群聊，爸爸的一个同学说：'改天我们几个聚聚吧。'另一个同学说：'不让聚会，不让聚会，你们还想着聚会。'爸爸说：'要不咱们这样吧，把你们的酒都拿出来。我们通过手机来聚吧。'爸爸的几个同学感觉这个主意不错。没想到他们竟然对着视频，举起杯子真喝起来了，可惜爸爸只有两小瓶啤酒，一会儿就喝完了。看到他们喝酒的样子，我跟妈妈笑得前仰后合……"

她讲完后，大家都一个劲儿地往群里发表情包，有竖大拇指的，还有发笑脸的。有的留言，"你爸的这群同学真逗比。""你爸真好玩。""没想到你爸和那些同学那么幼稚，哈哈……""能把你爸爸喝酒的样子，说详细点吗？"小硕发了一个："双击，666！"小寒也根据大家的留言进行了解答。

轮到小猛讲了，他一边讲、一边思考，事情还没讲完，时间就到了。

……

最后，我点评说："这次大家都讲得很好，积极性很高。要想成为我们班的网红主播，就要讲能吸引人的事情，好玩的事情，把最好玩的地方讲详细。同时，还要做好充分的准备，比如讲之前要先练习一下，把要讲的事情练熟，正式讲的时候，你就会很从容……"

奖励与惩罚环节，是最精彩的环节，也是大家期待的一个环节，因为里面有令大家意想不到的惊喜。

"下面，进入我们的奖励与惩罚环节。请大家把自己最喜欢的主播名字，发到群里。"

没想到，大家都选了小寒。因为她讲的事情好玩、有趣。

"我们这一期的班级网红主播，就是小寒，祝贺！下一期的主持活动，就是她。"

鲜花、掌声等表情包，不断刷屏。小硕又发了一个："双击，666！"

小寒直接发出："当网红的感觉真好！"紧接着发出了一个美美的笑脸。

我继续说："结果已经很明显了，四组输了。大家想怎么惩罚四组？"

"唱歌。"

"跳舞。"

"唱《桥边姑娘》。"

……

四组推选小琪为大家唱了一首抖音上很火的《桥边姑娘》，在麦上的同学也跟着哼唱了起来。没上麦的同学，直接把唱歌的语音发到了群里，大家狂欢了起来。

第四环节，是确定下一期主题，以便下一次大家在网上相聚时，能够畅所欲言。

最后，我布置了一项作业："把近期发生的有趣事情，写成一篇作文，向我们班的《班级作文周报》投稿，被刊用的同学将会得到特殊的奖励。在麦上讲的同学，可根据其他同学的建议，把没讲明白的地方写详细，你们的会优先被录用哦。"

经过第一次网上直播的成功试水后，第二次直播就成功多了，小寒主持，首先公布了在《班级作文周报》上发表文章的同学的名字，并且把电子版奖状发给了他们。小寒还突发奇想，为大家献上了一首《炸山姑娘》……

每一周，我们的线上学习就这样欢快地进行着，由一周的一次变成了一周两次，围绕一个有趣的话题聊一聊，互动一下，根据所讲的内容写成一篇作文投到《班级作文周报》上，选拔一名网红主播……

为了能成为班级网红主播，他们努力寻找着生活中有趣的素材；为了能把直播主持好，保住播主地位，每个主播花招迭出——有的唱歌，有的跳舞，还有的请自己的弟弟助演……

"我是班级小网红"活动，让学生过了一把网红瘾，更重要的是点燃了学生的写作热情。每个假期，我都举办"我是班级小网红"活动，为的是让学生保持写作的热情，为的是让《班级作文周报》在假期也能持续不断地办下去……

学生在一起学，才有学习的氛围。学生在一起写，才有写的氛围。学生在家，就缺乏这种氛围。老师可以借助网络，把学生聚在一起，通过举行新鲜有趣的活动，营造出写作氛围，激发出学生的写作兴趣，学生在家写作文也就不再是难题。

35. "作业拼多多",激发作业兴趣

"作业拼多多",在学生做作业过程中,添加互动和游戏的元素,让写作业变得有趣、好玩起来,在更大程度上激发了学生做作业的兴趣和积极性。

"拼多多"是个购物平台,它借助社交的力量吸引人们购物。我把这种方式应用在调动学生做作业的积极性上,在班里发起了"作业拼多多"活动。

"作业拼多多"由一名学生布置作业,并发起作业拼团,发起者称为"团长"。

"团长"由谁担任?怎样才能使"作业拼多多"吸引力十足、趣味性不减?我主要采取以下三种形式:一是按照学号,全班轮流当"团长";二是用微信小程序中的抽签助手,随机抽取"团长";三是班主任直接任命表现好的学生或有进步的学生担任"团长"。

"团长"需要于当天上午把作业写到"作业拼多多"专用纸上,利用课余时间寻找愿意完成这项作业的同学,推销自己布置的作业。"作业拼多多"拼团成功需要满足两个条件:一是"团长"要找到一定数量的同学做这项作业,比如星期一的"团长"至少找一个同学参与作业拼团,星期二的"团长"至少找两个同学参与作业拼团,以此类推。二是参与拼团的学生要全部保质保量完成作业。

每天拼团的人数不同,"团长"获得的班币也不同。星期一拼团成功的"团长"获得 2 个班币;星期二拼团成功的"团长"获得 4 个班币;星期三拼团成功的"团长"获得 6 个班币;星期四拼团成功的"团长"获得 8 个班币;星期五拼团成功的"团长"获得 10 个班币。拼团过程中,每超过规定人数 1

人，"团长"可额外再获得1个班币。

"团长"为了激励同学参与自己发起的作业拼团使出了浑身解数，推出各种奖励措施，有的奖励班币，有的奖励笔芯，有的奖励素描纸，还有的奖励看书等。除此之外，按照规定参团的学生不管参与星期几的拼团活动，只要完成作业就能获得2个班币。能力强的学生仅凭"作业拼多多"就能赚取许多班币，有的"团长"能量满满，有时可以动员全班同学参与他发起的作业。"作业拼多多"带动学生争相做作业，这种学习氛围是学生自己营造出来的，不是班主任强逼出来的。

"拼多多"有一个"砍价免费拿"活动，购物者把购物链接发给自己的好友，只要好友点开链接，系统就会随机降价，降1元、降0.6元、降0.05元等，平添了购物乐趣。我也设计了类似的作业活动，美其名曰"砍作业"。

我赋予每个学生不同的"砍作业"能力。平时，认真完成作业的学生一次可砍掉0.5个班币；作业完成不理想的学生一次可砍掉1个班币。这样的定价可以促使那些作业完成不理想的学生，为帮助自己的同学完成任务，主动、认真做作业，进而体会到自身价值，获得成就感。

例如，我布置了一项语文作业，定价为10个班币，用微信小程序中的抽签助手，随机抽取"砍作业"发起者，李柯凡中签。李柯凡需要先上交10个班币，然后再找其他同学与自己一起完成该项作业。我们班语文作业完成不理想的有4个学生，李柯凡为轻松完成任务，先找到这4名同学，让他们与自己一起完成这项作业，因此砍掉4个班币。紧接着，李柯凡又找了12个同学，每人帮他砍掉0.5个班币，剩余的6个班币也被砍掉。李柯凡顺利完成了"砍作业"的任务，上交的10个班币全部退回。如果"砍作业"不成功，发起者所上交班币则不予退回。

"双十一"已成了全民购物狂欢节，每到这一天，网上购物特别火爆。这一天，我也会在班里推出"作业狂欢口"活动。

我在11月11日前一周，组织学生分学科自主出题。每学科每人出一份试卷，上面注明出题人的姓名，以便做题的学生做完后交给出题人批阅。学生为了能出一道难倒其他人的试题会查阅课本、会动脑筋思考、会翻阅资料，甚至还会自己创编试题。出题人不但要出题目，还要把答案写出来。这样学生又复习了一遍知识。

11月11日这一天，我利用一节课的时间，请他们选试题、做试题。做完后，还可以互相探讨。

我还设计了"投诉"环节。出题人可能会因为自己的粗心大意或者对知识点掌握不牢等原因出现错误。做题人发现错误后，可以写在纸上进行投诉，写清楚这道题错在哪里、应该如何出题。这一环节，促进了做题的学生对知识点的进一步理解与思考。

这一天，不管是成绩好的学生，还是成绩落后的学生，都沉浸在一种叫"刷题"的欢乐中。

作业对学生来说，是无聊的、枯燥的，因为缺乏互动性。即使是老师绞尽脑汁，精心设计出的作业，也没有几个学生真正愿意做。但是，"作业拼多多"，为学生做作业，添加了互动和游戏的元素，让写作业这种枯燥的行为，变得有趣、好玩了起来，这在更大程度上激发出了学生做作业的兴趣和积极性。

第四章　智慧转化顽固的后进学生

后进生，每个班都有，他们是所有学生中，最难教育、最令人头疼的一部分学生。

后进生，有着诸多不良表现，比如没有学习兴趣，不爱学习，成绩不理想；习惯不好，不遵规守纪，桀骜不驯，惹是生非……因为他们的存在，导致了班级难管理，导致了班级量化分上不去，导致了班级成绩不理想，导致了班主任工作难做。

即便如此，班主任也不能放弃对他们的教育，因为班主任所从事的是育人的职业，是太阳底下最光辉的事业。班主任要教育后进生，关爱后进生，让他们感受到教育的温暖，不妨从以下几点入手：

一要接纳他们。后进生也有很多优点，比如爱劳动，班级里的脏活累活都抢着干；活泼好动，喜欢交往，有眼力见，喜欢帮助老师干活；他们能让班级充满生机和活力……

二要拥有一颗教育的童心和爱心，关注、关心、关爱每个后进生。只有时刻关注着他们，牵挂着他们，才能走进他们的内心世界。

三要认真研究每位后进生。后进生的情况不一样，有的行为不好，有的成绩不好，有的自尊心强，有的内心脆弱……每个后进生形成的原因各不相同，有的是家庭教育造成的，有的是先天因素造成的，有的是经历了多次学习的失败造成的……班主任在转化后进生时，要认真研究每个人的性格特点，为每个学生制定不同的转化方案。

36. 公开道歉，帮他改掉不良行为

有的学生，不良行为根深蒂固，只靠说教、批评根本无法改变，必要时让他饱尝一下不良行为带给自己的"疼痛"。只有他感到了"疼痛"，才能有意识地改正。

晓之以理，动之以情，是班主任教育学生的一种常用方式，但这种方式并不是万能的，有些学生的行为必须通过惩戒的方式才能予以纠正过来。

小航经常采用向他人吐唾沫的方式，跟他人玩闹。这种行为不但不文明，而且十分恶心，令人厌恶，有好几个学生跟我说过这件事。我把小航叫到身边对他晓之以，理动之以情，教育他改掉这种不文明行为，但没什么效果，看来只有对他进行惩罚才能帮他改掉这种行为。

有学生为了逃避惩罚，往往会用谎言来掩盖自己的错误行为。因此，对学生进行惩罚时，首先要证实他的确做出了错误的行为，这样在对他进行惩罚时，他才会心服口服。上课铃打响后，我让他站在教室前面，然后问全班学生："同学们，被小航吐过的，请起立。"唰一声，站起了二十五个学生。我知道很多学生被他吐过，但没想到有这么多人。有这么多学生作证，他也就无法去辩解。

让学生心甘情愿地接受惩罚，还要排除他被动还手的因素，也就是要排除别人惹他在先，他还手在后的情况，否则他会感到很委屈。我问小航："哪些同学是因为他先惹你，你才吐的？"他用手指了三个学生。我让那三个学生坐了下来，然后问他："这些站着的都是你先去吐他们的，对吗？"他点头，表示认同我所说的。

接下来，我让每个被小航吐过的学生说一说自己被吐后的感受。通过让学生说自己的感受，让小航明白自己吐人的行为是多么遭同学们反感，也让他感受到自己是多么遭人厌恶。

我开始对他进行惩罚。我用手指着他，提高音量，严厉地说："你看你用唾沫无缘无故地吐了多少人？这是一种多恶心的行为！你必须为自己的行为负责。"他见我生气了，便说："老师，我错了，我愿意接受惩罚。""你说吧，想受到什么惩罚？""罚干一星期值日。""不行！"他立刻又换了一个惩罚："罚做作业。""不行！""在教室一天不出去。""不行！"……他想出来的一个个所谓的惩罚与他所犯的错误毫不相干，不足以惩罚他，于是被我一次次地否定掉。一次次地被否定，他内心很是难过。我对他说："对你的惩罚是，你必须向他们挨个道歉，因为你用自己的行为伤害了与自己朝夕相处的同学，你必须用道歉的方式弥补对他们的创伤。"我接着对同学们说："你们可以接受他的道歉，也可以不接受，如果不能接受他的道歉，你就通过吐的方式还给他，因为他通过吐的方式伤害了你。"他迈着沉重的步子，先来到了刚转学来的小彤面前。小彤是个极为内向的孩子，下课经常自己坐在座位上。没想到，小航居然会吐她。"对不起，我不应该去吐你。"小彤说："我接受你的道歉。"……他走到每一个被他吐过的同学面前一一道歉。当进行到第五个同学时，他哭了，一边哭着，一边道歉。到第十个同学时，他已经泣不成声。我看到他哭着向同学们道歉时，内心也不是滋味，考虑是不是应该停止，但是，一个信念在告诉我，必须让他学会为自己的行为负责，只有他真正为自己所做的事感到后悔，才不会再去做类似的事，才能改掉错误行为。

让他向每一个受到伤害的同学道歉，就是对他做出吐人行为的惩罚。惩罚的目的是为了帮他纠正自己的不良行为，而不是去伤害他。面向这么多同学，让他逐一公开道歉，他内心肯定不好受，肯定觉得没有面子。当他跟所有学生道完歉后，我还要帮他挽回面子，对全班学生说："小航很勇敢，他敢于承认自己的错误行为，勇于为自己的错误行为负责，知错能改就是好学生。

请为小航鼓掌。"这句话既是对他的安慰也是对他的肯定。

自从小航经历了这次公开道歉之后，再也没有吐过任何一个同学。

教育学家马卡连柯说："合理的惩戒不仅是合理的，而且是必要的。这种合理的惩戒有助于形成学生的坚强性格，能培养学生的责任感，能锻炼学生的意志和人的尊严感，能培养学生抵抗诱惑和战胜诱惑的能力。"有些学生的不良行为根深蒂固，只靠说教、批评根本无法改变，必要时要给予合理的惩罚措施，让他饱尝不良行为带给自己的"疼痛"，才能让他意识到自己的错误行为，并加以改正。

37. 榜样人物，帮他规范行为

学生的行为不规范，班主任可以用学生心目中榜样人物的行为和品质来帮他规范。

每个人的成长，都需要榜样人物的激励和引领。对一年级学生来说，如果出现了不规范的行为，班主任可以借助榜样人物来规范他的行为。

借助动画片中的榜样人物，规范学生行为。

刚从幼儿园升入一年级的学生，喜欢看动画片。动画片中有很多人物形象对学生影响深远，比如蜘蛛侠、猪猪侠、钢铁侠等。班主任可以借助这些学生所熟知的动画人物形象，规范他们的行为。然而，并不是所有动画人物形象都能起到规范学生行为的作用，只有学生自己喜欢的那个人物才能对他起到一定的作用。因此，班主任需要对每个学生所喜欢的动画人物形象做调查。在调查中发现，张鹤松心目中的榜样人物是动画片中的蜘蛛侠。课下，他经常和自己的好朋友一起玩蜘蛛侠的游戏。

张鹤松，活泼好动，经常惹事。一天下午，我正在外校听课，刘晨曦爸爸给我打电话，气愤地说张鹤松把刘晨曦的脖子给抓破了。看来，我不在学校他又惹事了。

第二日，我回到学校后，立马把两个孩子找来了解情况。不管我怎么问，他就是不承认。此时，我忽然想起，他心目中的榜样人物——蜘蛛侠，我尝试着用蜘蛛侠的美好品质，引导他说出事情真相："你不是想像蜘蛛侠一样吗？蜘蛛侠是诚实的，勇敢的，有担当的，敢于承认自己所做的一切，你告诉老师，那天你和刘晨曦之间发生了什么事？"

在我的引导下，他终于说出了真相："中午吃饭站队时，我要到刚子恒前面，刘晨曦不让我去，我很生气，就用手抓了他的脖子。他也用手抓了我的手，也给我抓破了，你看。"他伸出手来让我看。他的手上还有伤痕。

我首先表扬他："你能像蜘蛛侠一样诚实，了不起。"

我接着说："但是你插队，是你的不对，用手抓人家更不对。你应该怎么做？"

他站在那里没有任何反应。

我继续用蜘蛛侠的美好品质引导他："蜘蛛侠敢于为自己的行为负责，大英雄都是这样的。"

他这才向刘晨曦说："对不起，我不应该抓你。"

刘晨曦慢吞吞地说："没关系。我也不应该抓你的手。对不起。"

我借助这个时机，继续用蜘蛛侠引导、教育他："蜘蛛侠是一位有很多优点的大英雄，他遵纪守法，是一位充满正能量的人，他人遇到困难时，能伸出援助之手帮助他人。想一想，你在生活中该如何做一个像蜘蛛侠一样的英雄呢？"

他转了转眼睛，思考了半天说："嗯——遵守纪律，上课认真听讲；如果同学遇到不会的题，我可以教他；他的书包背不动，我可以帮他背；有同学摔倒了，我会扶起他来；我还可以帮助他们打扫卫生，还会借给他们铅笔……"

我说："你说得很对，从今天开始，你就试着做蜘蛛侠吧。"

课下，他不再胡打乱闹，而是开始东奔西走地去帮助同学。

借助学生身边的榜样人物，规范学生行为。

一年级学生，上课时往往会出现坐姿不端正的情况，班主任不要只空洞地要求学生坐端正，而是要用具体的行为来指导学生如何坐好。最简单的方式，就是从班里选择坐姿端正的学生，让其余学生向他学。

王佳琦，上课坐姿不端正，不是趴在桌子上，就是把手放在抽屉里玩铅笔、橡皮等。这些不良行为，严重影响了他的听课质量。我发现，王浩然上课的坐姿很端正，小手放在桌子上，腰板挺得很直，没有什么小动作。我就把王浩然选为王佳琦学习的榜样人物，并把他俩安排成了同桌，以便王佳琦能随时向她学习。我只要发现王佳琦坐不好时，就会说，你看人家王浩然坐姿多端正。王佳琦会瞟她一眼，主动纠正自己的坐姿，然后像王浩然一样挺直腰板，把手放平。

对小学生来说，榜样人物可以是他看过的动画片中的，可以是他读过的书中的，也可以是他身边的同学等。班主任借助这些榜样人物，深入挖掘他们的行为和品质，借助榜样人物的特点，就可以规范学生的行为。

38. 真心交谈，让他不再"偷钱"

班级中发生了"偷钱"事件后，班主任要用真心与学生沟通、交流，想办法唤醒他、教育他，帮他改正错误的想法和错误的行为。

班主任在带班过程中，都会遇到学生"偷钱"的行为。小学生"偷钱"，绝大多数情况是出于自己的无知和好奇。小学生"偷钱"，不能简单定义为偷。因此，班主任在处理这类事件时，最好采用交流沟通的方式。

周五下午，小凯告诉我，他放在抽屉里的十五元钱，不见了。他还说，上午第四节课时放进去的，下午来了就没了。在教室内丢钱，肯定是本班同学所为，这引起了我的重视。

周一下午第三节课，我在班内对所有学生说了丢钱的事："小凯的钱在教室内丢了，不是其他班同学拿的，是本班同学干的。我给那个同学一天的时间，在一天内，我处理这件事，你主动承认，把钱还回去就行，什么事都没有。如果一天内，不承认，从第二天开始我就不管了，交给学校处理……"我想通过恐吓的方式，让他主动承认。结果，到了周二下午，还没有学生承认这件事。我便开始从时间点上着手调查，问了好几个学生，都说小朝是上周五上午第四节课最后一个走出的教室，并且锁上的门。有人看到，就容易解决了。

我把小朝从教室里叫出来，对他说："你说吧。"

小朝说："说什么，老师。"

我开始诈问他："上周五干的事忘了？"

"没干什么。"

见他什么都不说，我就开始追问："上周五第四节体育课，你锁门后，跟谁一块走的？"

"高昊龙、于昊天。"

我把他俩叫到教室外面问："上周五的体育课，你们跟小朝一块出教室上的体育吗？"

高昊龙说："不是，我们先走的，他好长时间才去的操场。"

于昊天也说没跟他一块儿走。很显然，小朝在撒谎。我推测钱可能是他拿的，但又不十分确定，于是，没有再继续往下问，先让他俩先回教室，教室外面只有我和小朝。

我含糊地对小朝说："你告诉我吧，这件事只有我俩知道，不会告诉其他人的，包括你家长。"他还是不说。

我动之以情地对他说："你想一想，我平时欺骗过你吗？"

他摇摇头。

"你说吧，那钱花了还是在身上呢？"我的问题稍微明确了些。

我看到他的眼睛有点湿润。此时，我已经有十足把握断定他拿了钱。

他吞吞吐吐地说："在家呢。"

不一会儿，他的眼泪流了出来。为了能触动他的内心，我便用他家长对他的期望来感化他："你家长非常注重对你的教育，前几天，你家长告诉我，周末不让你出家门，怕你跟坏孩子去做坏事。从这里可以看出，你家长非常注重你的品行。你家长如果知道你做了这样一件不光彩的事，他们一定会很伤心的。"

说到这，他的眼泪止不住地往下流。我安慰他说："每个人都会犯错，只要改了，就是好学生。你能告诉我这件事，说明你信任我，也说明你很诚实。这件事，我不会告诉任何人，更不会告诉你家长。拿别人钱是不对的，一定要把不属于自己的东西还给别人。如果你把钱花了的话，我可以替你还上。"

说着，我从衣兜里拿出十五元钱给了他，并告诉他放学后，把钱悄悄地放回小凯的抽屉。我让他把眼泪擦干后进了教室。

第二天一早，我来到了教室，小凯从抽屉里拿出了他丢失的钱，高兴地跑到我身边说："老师，钱还回来了。"我点了点头。

上课时，我对全班说："周五丢的钱，已经还回来了。我们每个人都有两个自我，一个是高尚的自我，另一个是贪婪的自我，那个同学当时在贪婪心的驱使下做出了这样一件不光彩的事情。现在，高尚的自我，把那个贪婪的自我给打败了。知错就改，就是好学生。他把钱还回来了，他仍旧是个好学生，下面让我们为那个学生高尚的自我鼓掌。"我这样说，就是在学生面前肯定改正错误的小朝，让大家明白知错能改仍旧是好学生，不让小朝戴着道德的枷锁去生活。

两天后，他单独找到我，把两张褶皱的纸币送给了我："老师，还给你钱。"我向他竖起了大拇指，表扬他："你是一个勇于担当的学生，你一定会越来越优秀的。不要辜负老师和家长对你的期望。"

在整个事件处理过程中，我并没有对小朝的行为冠以"偷"，也未对小朝进行训斥和惩罚，而是始终真诚地与他交流。

班里发生了"偷钱"事件，班主任不可能每次都成功"破案"。能不能"破案"不重要，重要的是班主任要对学生进行教育。面对小学生的"偷钱"行为，班主任首先不要把这种行为看成性质恶劣的"盗窃"，更不要在同学面前揭穿他，而应拿出诚心与学生交流，比如可以从老师和父母对他的殷切期待，老师和父母对他的辛苦付出等谈起，晓之以理，动之以情地唤醒他、教育他。陶行知说："真教育是心心相印的过程，唯独从心里发出来，才能打动心灵的深处。"班主任唯有真心跟学生沟通，他才能从内心深处感受到老师对他的那份真诚，也才会承认自己所犯的错，改掉自己的错。

39. 悉心陪伴，使他不再自闭

特殊学生的成长需要时间，班主任需用心、耐住性子，多表扬、多锻炼，就能看到他成长的样子。

自闭症学生，并不像内向的学生一样不善于与人交流，而是完全沉浸在自己的世界里，无法与人正常交往，甚至做出一些让人不可思议的事情，比如无缘无故发出奇怪的声音，做出奇怪的动作等。面对这样的学生，班主任只要用心，也能促使他进步。

小天，患有自闭症，我刚接班的第一节课，就认识了他。他总低着头，有时还会发出奇怪的声音。这个孩子的独特行为引起了我的注意。我点名让他读课文，他坐在座位上，仍旧低着头，摆着手，恐慌而含糊地说："不，不……"小天整日生活在自己的世界里，无法跟其他同学沟通、玩耍。他时常做出一些令人匪夷所思的事情，如上课时会发出怪声，打了预备铃会藏到教室门后面去，有时会拿一根绳子把自己的手捆住，还有时会学狗叫等。种种奇怪的行为令我头疼，影响到其他学生听课。

语文课上，其他学生在认真地听课。他在那里用手比划着，做出刷牙的动作。先是假装拿着杯子往嘴里倒水，然后漱口，吐掉水，拿着牙刷在那里不停地刷，用眼瞪着我，朝我笑一笑，再往嘴里倒水，漱口，吐水……反复进行着。

课间操，学生站好了队，他在我面前比划着，伸着胳膊，说是在做操；有时，他还会拽女生的辫子，或者推女生一下……

为彻底弄清他的状况，寻找到转化他的措施，我对他进行了家访。他爸爸向我敞开了心扉，为给他治病花掉了家里所有的积蓄并且现在负债累累，为了陪伴他，他爸爸辞掉了工作……目前，他们家仍住在单位20世纪80年代盖的旧房子里。为了帮助小天完成学业，他爸爸每天晚上在家给他辅导作业……

我被他爸爸的执着精神感动了，在回家的路上，心想：作为教师，我应该尽自己最大努力去帮助小天成长。

我始终相信每个学生身上都有闪光点，即使是最糟糕的学生。每个学生都希望自己能够被他人肯定，得到他人的表扬。一旦被他人认可和表扬，就会获得无穷的动力。因此，我先从发现他身上的闪光点开始转变他。他每次抄写的词语盘点都很认真。我便在课堂上对他进行表扬，并向同学们展示了他的作业。同学们看到他的作业后，便鼓起了掌。这一表扬使他有了自信，也使同学们对他有了一个新的认识。

每个学生都希望自己能够被老师和同学们看得见，被他人看见是一种幸福和荣耀。我在班级元旦联欢会上给他提供了展示自我的机会。班级元旦联欢会上，同学们表演了很多精彩节目，都处在兴奋状态。我突然对大家说："下面有请小天，上台为大家表演节目。"全班目光齐聚小天身上，掌声与欢呼声四起。小天何时曾受过如此"待遇"，立马从座位上起来，张牙舞爪地在教室内跑了一圈，所到之处惊讶声一片。我问同学们："小天，表演了什么节目啊？"有的学生说："猫捉老鼠。"我接着说："谁愿意上来跟小天一样表演猫捉老鼠？"许多男生举起了手，众多"猫和老鼠"在班内开战了，顷刻间教室热闹起来。

就这样，他开始慢慢接近我，和我交流起来。有时会主动问我一些问题，"老师，明天的作业是什么""老师，明天端午节放假吗"等等。他虽不能与他人进行完整的对话，但像这样简短的问话，对于他来说已是一个巨大的进步。这样的进步是何等的难能可贵，于是我在电脑上建立了一个《我和星星的孩子》的文档，每天记录小天的校园生活，以便能及时发现小天的进步，及时表扬他。

《卓越课堂管理》中说，"让学生负责一项教室工作时，每个人都变成了教室的小主人。这会使他们产生责任心、纪律意识、团队精神和班级自豪感，为建设积极的学习环境作出贡献。"为了锻炼他，我给他在走廊内安排了卫生区。轮到他值日时，就会有同学喊他去值日，他若不干，会有同学替他干。其实，在六年级下学期之前他从来没有干过，可是，即使他不干，我也给他安排。到了六年级下学期，他却主动拿起拖把干了起来，每次都会保质保量地完成值日。马嘉蔚还在国旗下演讲中特意表扬小天值日认真，把他称之为我们班"美丽"的学生。

新教育有句话，相信种子，相信岁月。在我的悉心关注下，小天一天天进步着。他诸多的特殊行为不但减少了，而且关心起了女生。一次，小柯因为一件小事哭了，他走上前摇着她的胳膊，关心地问："小柯，你怎么了？"小柯很感动，在日记里写道："没想到，今天小天居然关心了我，我真感动！"

有一次，班内换新课桌。同学们把旧课桌搬到了教室外面后，地上满是纸屑，同学们都在一旁站着说话，没有一个去打扫。小天看到后，跑到我面前说："老师，打扫卫生吗？"我听到后，有些惊讶与兴奋，说："对！"他立马跑到教室后面，拿起装满垃圾的垃圾桶，飞快地跑了出去。其他同学看到后，也跟着干了起来。

小天的进步，不仅表现在品行、交往与劳动上，还表现在学习上。六年级下学期的期中测试，他的语文与数学，都破天荒地及格了，比有的学生考得还要高，其中语文考了七十多分。我把喜讯在第一时间，用短信发给了小天爸爸，他回复："衷心感谢老师们！"虽只有七个字，但分量很重。我用两年的时间，陪伴着这个特殊孩子，见证了他的成长。

龙应台在《蝴蝶结》一文中这样写道："我愿意用上一辈子的时间，让他从从容容地把这个蝴蝶结扎好，用他五岁的手指。"有些学生的成长需要时间，尤其是特殊学生，只要班主任用心、耐住性子、多表扬、多锻炼，就能看到他成长的样子。

40. 一官半职，使他不再捣乱

给惹事的学生一点官职，不但能给他带来荣耀感，而且还能约束他，让他遵规守纪。

每个班总有几个精力旺盛的学生，他们往往会通过违纪、打闹、招惹其他同学等方式，来释放自己旺盛的精力，获得成功感，也因此闹得班级鸡犬不宁，令班主任头疼不已。

放学铃响了，小杰第一个蹿出教室，突然用手把门给关上了。他不是第一次这样做了。接着，教室里传出了哭声。我跑过去，打开门一看，小墨的额头被突然关上的门打到了，正用手捂着自己的额头，蹲在地上大哭，许多学生正围着他。小杰每天总会给我惹出一点事来，似乎不惹点事出来，这一天就不能结束。

上着课，用铅笔去戳同桌的额头，用手拽前面女生的辫子，还用铅笔在其他学生的校服上画画；下了课，在教室内四处奔跑，在校园内攀爬栅栏……他还时常去办公室告其他学生的状，不是说其他同学扔他的帽子，就是说其他同学追他、骂他……每次详细一问，都是他先去招惹别人造成的。学校每天通报的违纪学生名单中，小杰位居榜首，比如在校园内追逐打闹、不戴红领巾等。我班也因他，每周都与流动红旗擦肩而过。

我在他身上花了大量的时间和精力，但是看不到任何效果，我希望能够得到家长的帮助，于是跟他爸爸反映孩子在校的违纪情况，他爸爸总是说跟他好好谈谈，可是我没有看到他们谈话的成效。他跟其他同学玩闹，被其他同学打哭后，他爸爸却会直接到学校来找人家，有时还会到人家家里找家长。

他下课之所以打打闹闹，是因为他活泼好动，精力旺盛。给他点任务，把他的精力消耗掉，时间占用起来，他在课下就没有过多的精力和时间去惹事了。给他布置点什么任务呢？管理学生。

为了正大光明地给小杰"封官职"，让他有种自豪感，班会课上，我公开选拔值日班长。对学生说："从今天起，学校要求每个班选一个值日班长，在本班门口执勤，检查在走廊内违纪的同学，谁想干？"所有学生都举起了手，小杰把手举得特别高。我故意把嗓门提高："只能从那些遵守纪律的同学里选，经常违纪的同学没有机会。"这句话是特意说给小杰听的，我采用了欲扬先抑的手法，希望他能明白只有遵守纪律才能获得当值日班长的机会。我先点了五个表现好的同学，让他们每人轮流在走廊当值日班长。选他们当值日班长不是目的，目的是选小杰。

我接着问同学们："这节课，谁的进步最大？"小杰的同桌说："小杰进步最大，这节课他没有跟我闹，自己坐在座位上学习。"小杰后面的同学说："我也觉得小杰进步很大，这节课他没有回头跟我说话。"

我笑着说："你们说得很对，这节课进步最大的是小杰，他一直在安安静静地看书，认认真真地听讲。我想也在咱们班内设立一个值日班长，专门检查班内课间情况。"小杰噌地一下举起了手。

我故意把目光转向了其他同学："室内值日班长，我要选进步最大的同学。既然同学们都说小杰进步最大，那这个值日班长就是他了。"他高兴地拍起了手。就这样，他做了室内值日班长这个官。

为了让他明确怎样才能做好值日班长，我与他进行一番交流。我跟他说："你这个值日班长厉害啊，每天都干，那五个是轮流干。你要想把值日班长干好，就得自己遵守好纪律，自己不遵守纪律，别的同学就会不服从你的管理。"之所以这样跟他说，就是用值日班长来约束他的行为。我问他："你知道哪些行为是违纪行为吗？"他说："在教室内乱跑、打闹、骂人……"我告诉他："你要是发现这些现象，就要去制止，第一次提醒，第二次警告，如果他们还不听,你就记下来。"

每个课间,他都会戴上执勤牌,拿着一个本子和一支铅笔,站在讲桌前面,有模有样地监督着班内的学生,"刘晨曦,在教室内不能跑""尹嘉琪,说话小声点""郭子奇,提醒两次,再闹,我记下你的名字来"……为了防止他忘记职责,我特意安排班长时刻提醒他。

课下,他安稳了,课上也得让他安稳。我跟他讲:"你现在当了班级的值日班长,不但下课要管好课间纪律,而且上课还要管好自己,让自己做到不打闹、不说话。这样,才是合格的值日班长。"

值日班长,这个不大不小的"官",小杰很喜欢。课下,他忙着去当"官",没有时间去打闹,课上,也不再说话。我们班消停了不少,学校通报的违纪名单中再也见不到小杰的名字,我的麻烦也少了很多。

惹是生非的学生,往往精力旺盛,管理这样的学生,靠批评教育效果不大,最好的办法就是安排一件他感兴趣的事,把他的精力消耗掉,把他的时间占用起来,他就没那么多闲工夫惹事了。给惹事的学生一点"官职",不但可以给他带来荣耀感,而且还能约束他,让他遵规守纪。

41. 一把钥匙，使他不再迟到

要改掉早上上学经常迟到的学生的习惯，就让他拿着教室门的钥匙，负责开门。

学生早上上学经常迟到，那是赖床的习惯在作祟。要改掉这种习惯，大部分班主任主要采用两种方式，一是惩罚，二是找家长沟通。面对早上经常迟到的穆聿涵，一开始我也是这样做的，可是无济于事。

以前，教室从来不锁门。近期，学校为了规范管理，要求下午放学后各班必须锁门。锁门，就得专门找学生负责拿钥匙开门，找谁呢？我想起穆聿涵妈妈曾对我说过，他很要面子，很要强，集体荣誉感也很强。如果让他拿钥匙，他肯定会为了自己的面子、为了班级而克服赖床的毛病。因此，我在班里公开指定他拿钥匙，想通过其他学生的反应刺激他改掉赖床的毛病。

课上，我对学生说："从这一周开始，学校要求各班锁门，既然锁门，就得找个责任心很强的同学拿钥匙负责开门。谁愿意做这件事呢？"我在说"责任心很强"这个词时，故意提高了音量。

四五个学生举起了手。从日常表现来看，这些学生责任心都很强。我却大声说："我们班的钥匙就让穆聿涵拿吧。"

我的话刚说完，全班一片唏嘘声，所有学生的目光都聚焦到了他身上。有学生看着他开始发笑："你啥时候能到校啊？"也有学生对他说："你千万别早来啊，早来我们得上晨读课。"还有的说："让他拿钥匙，我们全班都得在外面等着他，天这么冷，冻死了。"……

他听了同学们的话后，异常生气。学生的反应、他的生气都在我的意料之中。

我说："我相信穆聿涵同学有很强的责任心，一定会按时开门。"

选拿钥匙的学生，我完全可以在课下指定他来拿，但是这样起不到教育他的作用。在课堂上，把拿钥匙的事告诉学生，再通过其他同学的嘲笑，给予他一定刺激，进而促使他产生改掉迟到习惯的想法。

课后，我把他叫到办公室与他交流，鼓励他，让他坚定改掉迟到习惯的决心。我问他："早上能早来吗？我看同学们对你没信心。"他不好意思地笑了，没自信地说："我试试吧。""你要是不能早来，咱班可都等着你，进不了教室。咱班就这一把钥匙，我选你，没选其他同学，是对你的信任，千万不要让老师失望啊！"我把一块重重的石头放在了他的心上。"我家就在学校附近住，应该能的。我今天晚上九点之前就睡觉。"他咬着嘴唇，信心十足地说。

我把钥匙给了他一把，特意留办公室一把，防备他迟到。给他钥匙后的第二天早上，我担心他不能早来，特意早到教学楼转了转。当我走到教学楼前时，唯独三楼中间的教室亮着灯，心中的石头终于放下了——他来了。以后每天早晨，教室的门总会准时打开，没有任何人在教室门口等待。

自从他拿到钥匙后，从来没有迟到过。以前，不管我使出什么样的招数，都没能改变他，而现在，一把钥匙改变了他。后来，穆聿涵妈妈特意给我发QQ信息表示感谢："田老师，谢谢您，让穆聿涵拿钥匙。他现在已经不是起床困难户了。以前我不管怎么叫他，他就是不起，起来后还磨蹭好一会儿去刷牙，刷完牙继续睡……"

一把钥匙，于他，是我给予的一种信任、一个任务和一次为班级服务的机会；于我，是改变他的一种措施。

有的学生，只要我们给予他信任，给予他任务，给予他机会，就能促使他发生改变，但给予他之前要讲究一定的方法策略，促使他自己想改变。

42. 一本图书，帮他改掉恶习

如果班里有学生整天骂人，那就在他心田上种上阅读的种子，点燃他的阅读兴趣，培养他的阅读习惯，用一本本优秀的图书滋润他的内心。

如果班里有一位喜欢骂人的学生存在，那是最令人头疼的，每天都会有学生到办公室告他的状，班主任每天都有处理不完的官司。

小浩，就是一个这样的学生，尤其爱骂女生，而且还喜欢用犀利的语言对同学们评头论足。他在班里，独来独往，没有任何朋友，自己独自上学，独自回家，课下独自在校园内溜达。我曾找他单独谈过，每次谈话他说得最多的就是"嗯""哦"，不会多说一个字，简直与他无法沟通。我对他观察了很长一段时间，除了骂人，没发现他有什么兴趣爱好。

我在读苏霍姆林斯基的《育人三部曲》时，看到了这样一句话："如果孩子从儿童时代起就没有养成对书籍的喜爱，如果阅读没有成为他一生的精神需要，那么到了少年时期，他的心灵就会空虚，似乎不知从哪儿来的坏东西就会蓦地出现在他身上。"这句话就印证了小浩目前的表现。小浩正是因为心灵上的空虚，闲来无事，才去骂人，以此来获得乐趣，打发他多余的时间。骂人的习惯，犹如野草一般肆意生长，占据着他的生活。

假若他在精神上很充实，就不会有这种坏习惯，也不会做出令大家讨厌的事。如何转化他呢？我从苏霍姆林斯基的话语中得到了启发——激发他的阅读兴趣，给他种上阅读的种子，让他去阅读，用书籍占用他的时间。

学生阅读兴趣的激发，要靠有趣的书籍来激发。动物小说很受学生欢迎，尤其是男生。我从书店里买了一本崭新的《狼王梦》，找了一个机会送给他。

"我看你这段时间，挺无聊的，借给你一本书看。"

他看都不看一眼，说："老师，我不喜欢看书。"他高冷的态度再度展现出来。

我把书扔到他的面前，说了一句极具诱惑力的话："据说，这一本是所有男生的最爱。我也挺喜欢看，你看完后记得还给我。"

对不读书的学生来说，只是把一本书放在他面前，他不一定会被吸引，班主任还要用简单而又有吸引力的语言，把这本书推荐给他，比如说"这是一本所有学生都喜欢看的书"，或者说"这本书曾获过什么奖项之类"，或者说"这是一本老师特别喜欢读的书"，等等。

慢慢地，他喜欢上了那本书。早上到教室后，他坐在自己的位子上看书。中午放学时，他一边走路，一边看书。这段时间以来，再也没有学生到办公室里告诉我他说脏话了。

看到他的这些变化，我感到十分惊讶，也很疑惑。为了印证是不是书籍起到了作用，于是，我把他叫到办公室，问个究竟。他一进办公室，没等我开口，便说："老师，什么事啊？我今天没干坏事，也没骂人。"我问他："我正想问你这件事，为什么不干坏事了？为什么不骂人了？"他语出惊人："感觉没意思。"我接着问："以前干坏事，骂人，为什么感到有意思？"他说："我以前，整天无所事事，也不知道干啥，就自己找点事干。自从你借给我看《狼王梦》后，我感觉那本书挺好看的，一直在看。"他的回答，印证了书籍的力量，也坚定了我用书籍改变他的想法。

要把一块土地上的杂草彻底清除干净，最好的办法不是去拔草，而是在土地上种上庄稼。同样，要彻底改掉一个学生的坏习惯，最好的办法是帮他建立一种好习惯。别看他这几天能好好读书，说不定这本书读完后，又没事可干，又开始骂人了。为了彻底改掉他的坏习惯，就必须在他的心田上种上读书的种子，让他持续地读书，帮他养成读书的习惯。因此，我让他负责班级图书角的管理工作，比如对学生借出的图书、还回的图书进行登记，每月组织学生更换一次新书等，目的是让他能整天与书打交道，接触到新书，还能先借到自己喜欢看的书。这样，他在管理图书的过程中，陆续读完了《安妮日记》《童年》《鸟奴》等书。

要让一个人能持久地做一件事，就要让他在这件事中获得成功感和自豪感。为了能让他更持久地去读书，我封他为"图书推荐官"，他很高兴。每个月的月末，我都会抽出时间，让他上台向同学们推荐一本他读过的最好的书。每次，他都在台上滔滔不绝地向同学们讲解书里的故事情节，并且还对故事和人物进行评价。他推荐书的这种方式，很受同学们欢迎。他也在推荐图书过程中获得了极大的成功感和自豪感。

《狼王梦》点燃了他的阅读兴趣，班级图书角的管理，让他有更多的机会接触到图书，图书推荐官的当选让他获得了读书的成功感和自豪感，这一系列的措施都为他的阅读兴趣持续助燃，帮他养成了阅读习惯。从此，他再也没有骂过人，也没有评论过任何人。

我向他推荐了各种人物传记，让传主引领他的成长。语文教育专家吴欣韵说："让孩子阅读传记的目的是实现更好的成长，用真实的力量促进成长的真实发生，让传主对他们产生持久而深远的影响。"传主大多是伟大的人，伟大的人必定有伟大的行为和伟大的人格。《居里夫人传》让他明白了，不管在多么艰苦的条件下，都不要抱怨，只有付出艰辛的劳动，才能取得成功。只有拥有伟大的人格，才能赢得他人的尊重。从此，他开始认真地学习了，并且待人接物也变得有礼貌了。

他读了《霍金传：我的宇宙》，明白了拥有乐观、幽默的人生态度，就会战胜各种困难。每当遇到困难时，他都会想，这个困难有霍金遇到的困难大吗？他在传主的引领下，一步步成长着。

如果班里有学生以骂人、招惹他人为乐，就说明他无所事事，转化这种学生的办法，就是用一本书点燃他的阅读兴趣，通过一系列读书活动持续不断地帮他养成阅读习惯，用一本本优秀的图书滋润他的心田。学生喜欢读书了，心也就沉静下来了，也就没有心思以骂人为乐了。

143

43. 一次辩论会，帮他明晓事理

小学生看待事物的观点未必正确，把它拿到班级中开展一次辩论会，组织学生辩一辩，争一争，就能帮学生形成正确的认知。

小学生年龄虽小，但对一些事物有着自己独特的观点。然而，有些观点未必正确。当班主任意识到学生在认知方面存在错误时，可以开展一次辩论会，组织学生通过辩论的方式来明晓事理。

小潘，因为仪表、打闹等问题，每天都给班级扣分，唯独星期三这一天不会扣分。这一天不扣分，不是因为他这一天表现好，而是因为这一天我们班的校园监护员执勤，他总想着法子不让监护员给他扣分。我知道他有集体荣誉感，但是这样做欠妥，必须想办法对他进行引导，帮他树立正确的价值观。

先把一个跟小潘经历类似的故事情景，投放在了大屏幕上，目的是引导学生进行讨论。

小明作为一名在学校门口执勤的学生，碰巧班里一个同学迟到了，到底该不该记他呢？如果记下来，班里的纪律红旗便没法获得，并且还要受到同学们的责备。这下小明可犯了难。

学生读完后，我提出了一个问题，引导学生思考："同学们，请你们思考一下，故事情景中的小明该不该记？"

有六个学生认为不该记，其余学生认为该记。出现分歧，正是我想要的结果，这样才能形成辩论。

接下来，组织学生讨论，让学生在辩论中明晓事理。

我说："接下来，我们开展一次辩论会，大家一起来辩一辩，到底该记还是不该记。小潘、张鹤松、郭子奇、吕佳航、于睿宁、李子旭六位同学是反方，他们的观点是不该记，其余同学是正方，观点是该记。下面，先让正方，也就是同意记的同学说一下自己的观点，在说的时候，一定要把自己的理由说出来。"

付文艺说："我认为应该记，小明把迟到的同学记下来，这说明他很诚实，如果不记，就不诚实了。"

张子硕说："记。因为不能撒谎，要诚实。撒谎是不对的，即使是善意的谎言。他是在履行自己的职责，那是他的责任。"

尹嘉琪说："我给张子硕补充一下，只要你做的事情是对的，不要介意别人怎么说你。"

我评价说："尹嘉琪说得很有道理。在生活中，我们经常会关注别人对自己的看法，往往很在意别人的眼光，可是过分的在意往往会失去自我，会在他人的看法中迷失自己。应该有一种'走自己的路，让他人说去吧'的勇气。但，首先应该确保自己所做的事情是对的。"

李梦琪说："如果你不记，即使得了那面红旗心里也是不自在的，因为前面学过的那篇课文《我为你骄傲》中说撒了谎心里不自在。如果不记，撒了谎心里会不自在。应该记。"

……

学生有理有据地说出了自己认为该记的理由，并且每个学生所说的理由各不相同。这样的阐述，反方小潘等同学内心肯定有着跟他们不同的想法。

"下面有请反方，也就是认为不该记的同学，来阐述自己的观点。"

我在这场辩论中，既是组织者，又是引导者。在他们阐述自己观点的时候，我在一旁帮腔作势，目的是激发正方对他们进行反驳，以便引出反方观点的误区，最终形成正确的观点。

小潘第一个说："如果记，班里就没法得到小红旗了。"

我立刻肯定了他的观点："你看人家小潘多有集体荣誉感，获得流动红旗，为班级争光，真好！"

张鹤松说："这一次不记，下一次记下来不就行了吗，通过下一次来弥补。"

我说："对啊，这一次不记可以获得红旗，下一次记下来不就弥补内心的愧疚了吗。"

朱浩天反驳说："即使你获得了流动红旗，也是通过撒谎来获得的，欺骗是一种不好的行为。"

郭子奇说："我认为不应该记。一、我们应该有集体荣誉感，如果记了，就没法获得流动红旗了；二、记下来，班主任会去查的，还会批评那位迟到的同学，如果不记，其他同学会夸奖小明，你看自己班的同学都相互认识，小明多会做事情，多机灵。"

张子硕急忙站起来说："我有意见，用欺骗的方法获得流动红旗是不对的，一定要诚实。"

王艺涵说："这次没获得下次可以获得。"大多数同学都持有这种观点。在他们看来，流动红旗可以下次再获得，但是欺骗，一次也不行。

在反方进行观点陈述时，正方进行了反驳，把反方反驳得哑口无言。这一次辩论，无疑正方获胜了。

最后，我把话题转到了学生的日常生活中来，用辩论中形成的正确观点来解决学生生活中的实际问题。我说："我们班就有几个学生违纪后，不让本班的监护员记录他们的名字，你们说这种做法对不对？"

他们响亮地回答："不对！"

我故意问："他这样做是为了班级利益考虑的，这有什么不对？"

张子硕说："不能用这种方式，监护员记录的目的是让他改正错误。"

张馨语说:"他们这样做是不对的,我感觉违背了道德,他们是通过不太光明的方式为班级获得利益。我认为如果集体荣誉感强的话,就不应该去违纪。"

……

小潘勇敢地站起来说:"老师,我以后再也不这样做了。"其余几个曾经像小潘一样做的同学也站了起来,承认了错误。大家不约而同地为他们送上了掌声……

事不辩不明,理不争不清。小学生正处在认知形成的关键时期,他们有着自己看待事物的独特观点,然而有些认知貌似正确,却十分错误。把他们自认为正确的看法或行为拿出来,组织学生进行辩论,是非曲直在辩论中就会明晰,辩论的过程也能帮学生形成正确看待问题的观点。

44. 巧妙"隔离",使他不再调皮

集体活动时,总有调皮学生捣乱。面对一时无法转化的调皮学生,不如给他安排一个既能给他带来荣耀感,又能把他和集体"隔离"开的职位,把他对班级的不良影响降到最低。

班里调皮的学生,时刻都在调皮,尤其喜欢在集体活动时调皮,一调皮就会把班级搞得乱糟糟。大多数情况下,班主任一时半会儿无法转化他。

小林是班里最调皮的学生。每次做课间操,他总是在队伍里捣乱,不是用脚故意踢别人一下,就是用唾沫去吐别人。当别人反击时,正合他意,他便跟别人痛痛快快地闹起来。他瞧见我往他旁边走时,便老老实实地、装模作样地做起了操。我一转身,他又立刻闹起来。

放学也一样,他在队伍里故意把前面同学的鞋给踩掉,前面的学生立刻回头踩他的鞋,相互之间便打闹起来;有时,他还拿着水杯故意乱晃,一个劲儿地在队伍里转圈。总之,他一个人把整个班的队伍搞得乱哄哄。

我对他曾晓之以理,动之以情,不管用;采用严厉的方式,不管用;找他家长告状,也不管用。这使我想到了,前几天,我的电脑中毒后的情景。电脑屏幕的左下角经常弹出"您有短消息,请注意查收"的对话框,想关都关不掉。每隔几分钟出来捣乱一次,严重影响了我的工作,十分烦人。于是用杀毒软件进行扫描,扫描完毕后,提示我:威胁对象已被隔离。果然,这个病毒不再骚扰我,我又能安逸地工作了。那次杀毒,给了我解决小林问题的启示——"隔离"。

如何"隔离"呢?让他离开集体,他不就无法起到破坏和传染作用了吗?

但又不能把他排除在班集体之外，不让他参加集体活动，他毕竟是班级中的一员。我便想出了一个巧妙"隔离"的方式——在队伍中给他安排一个特殊的职位，既让他参与了集体活动，又让他远离了集体不让他起破坏作用，还增强了他的集体荣誉感。

有次做操，小林又故意捣乱。我看到后，既没有生气，也没有对他讲任何道理，而是给他安排了一个领操的职位。我把小林叫到队伍的前面，指着四班队伍前面的那两个学生说："你知道那两个学生是干什么的吗？""知道，是领操的。""对，咱们班到现在我也没找出合适的领操员，今天，我发现你做操做得很好，你就领操吧，要在前面认真领着全班同学做。"经过我对他的一番表扬，他爽快地答应了。"你现在立刻到队伍前面领操。"他高高兴兴地跑了过去。他自从干上了领操员后，不但不闹了（他自己在队伍最前面，想闹也没法闹），而且有模有样地做起了操。从此，他就这样在做操时被"隔离"了。自从，他被"隔离"之后，课间操纪律大有好转。我也不用再为课间操的纪律发愁了。

这次巧妙"隔离"，为我对他在放学路队中进行"隔离"提供了经验。放学时，我主动找到小林，对他说："我发现你在放学路队中走得很快，前面的同学经常妨碍你走路，你再瞧，咱们班虽然有两个领队的同学在队伍的前面，但走得不快，你就去做排头吧，走在领队的同学前面。"他一听很高兴，欣然接受了这个任务。每次放学，他总是第一个冲出教室，安安静静地站好队。当领队的同学发出齐步走的口令时，他就乖乖地带领着同学们按照划定的路线走出校门。自己走在队伍前面，远离了同学，也就无法闹起来。

自从小林被巧妙"隔离"之后，不但班级集体活动时纪律有了好转，而且小林自己也逐渐地能遵守班级纪律了。

每个班都有不服管教的调皮生，整天招惹同学，在集体活动中严重影响了班级，对他晓之以理不起作用，动之以情不起作用，甚至批评、惩罚也不起作用。面对一时无法转化的调皮学生，在集体活动时，要把他"隔离"起来，把他对班级的影响降到最低。这里的"隔离",并不是对他进行孤立和惩罚,而是安排一个能给他带来自豪感和荣耀感的职位,让他和其他同学保持一定距离,使他无法干扰集体活动。

45. "松鼠搬家",帮她敞开自我

借助班级游戏给内向的学生提供交往的机会,帮他敞开自我,让他交到好朋友。

班级中的学生,可大致分为两类,一类是外向的学生,另一类是内向的学生。外向的学生,活泼好动,喜欢交往,对班级的任何活动都积极参与,容易引起老师的关注。而内向的学生,沉默不语,喜欢独处,对班级活动不积极,容易被老师忽视。作为班主任,应该关注到每一位学生,尤其是要关注内向的学生。

班里其他学生都有自己的朋友,下课一起打闹,一起上厕所,唯独小敏,下课后独自一人安安静静地坐在自己的座位上,不跟其他同学说话,也不跟其他同学玩,只是静静地看着他们打闹、玩耍。她是个内向的孩子,上课从来不举手回答问题,即使自己会,也不主动举手。在小组合作学习中,也从来不说话,只是静静地听着。小敏的这些举动,引起了我的注意。

内向的孩子有个特点,从不主动与他人交往,但是别人主动跟他交往,他从来不拒绝。我决定采用游戏的方式先帮她交到自己的朋友。

首先,组织学生布置好游戏场地。

星期一下午第三节课,班会课。我对学生说:"这节课,我们一起来玩一个松鼠搬家的游戏吧。先把教室的桌椅整理好,桌子往两侧推,把中间空出来,椅子放中间围成半圆形。"大家按照我的指挥,快速布置游戏现场。

"你们自己随便找座位坐下。"

他们在入座时,都与自己关系好的同学坐在了一起。等所有学生坐下后,

小敏选择了一个没人坐的座位坐了下来。

"现在，在座的各位同学都是小松鼠，我先给大家编上序号。"我从半圆形的一端开始数起："一号，二号，三号；一号，二号，三号……"

然后，公布游戏规则。

我向学生说："请听好游戏规则，你所坐的座位是你的家，当我说'几号松鼠搬家'，几号松鼠就立马离开自己原来的座位，再寻找新的座位。到了新家后，你要跟自己的邻居打招呼，做一下自我介绍，让你的左邻右舍都了解你。最后一个找到家的小松鼠呢，老师要给他一个美好的机会。"

接下来，玩游戏。

我说："各位小松鼠准备好了吗？请听口令——二号松鼠搬家。"

二号松鼠听到口令后，立马找新的座位，有的四处乱窜，有的撞到了一块，有的挤在了一起……笑声和呼喊声不断。

在游戏过程中，我一直观察小敏。她从来不跟其他同学抢，只是静静地站着。不抢怎能快速找到家？只剩下她自己孤零零地一个人站在外面，其他同学都找到了自己的家，她才找一个没人抢的座位坐下。

我把小敏请到了半圆形的中央，对小敏说："老师给你一个美丽的机会——向全班同学介绍一下你自己。"

小敏羞羞答答地说："大家好，我叫小敏，家住天河小区，我喜欢画画，还喜欢吹竖笛。"

我说："通过小敏的自我介绍，我们认识了一个多才多艺的小敏，想和小敏交朋友的请举手！"

一双双小手都举了起来。小敏脸上露出了微笑，高兴地回到了自己的新座位上。

"下课后，你们要主动和小敏去玩。"只要其他同学主动和小敏交往，小敏也会和她交往。

在游戏中，小敏也逐渐地主动了起来。松鼠搬家的游戏，打破了学生间原有的交际范围，让每个学生彼此之间有了相互接触，扩大了学生间的交际面。在活动中，小奇和小敏有了更多的了解，她们成了好朋友。下课后，小奇和小敏手牵手走出了教室。看到小敏有了好朋友，真替她感到高兴。

帮她交到好朋友只是第一步，还需要给她提供更多的机会让她在全班同学面前展示自己。可是，内向的孩子往往不自信，一般不喜欢在众人面前表现自己。我了解到小敏擅长吹竖笛，于是就和小奇一起说服她，让她表演。

每周三下午预备时间，小敏都会为大家演奏竖笛，有时她还与其他同学一起合作演奏。因为公开演奏竖笛的缘故，慢慢地，她越来越自信，在班里交到的朋友越来越多了，上课举手的次数也多了起来。课间，我再也看不到那个只会一个人静静地坐在座位上的小敏了，而是听到了她在教室里爽朗的笑声，看到了她在校园里追逐的身影。

内向的学生，也想和他人玩，也有与他人交往的需求，只是羞于主动交往，也不知该如何与他人交往。面对内向的学生，班主任要准确把握他的心理特点和自身优势，借助班级游戏等方式给他创造交往的机会，搭建展示自我的平台，帮他敞开自我。

46. 持续表扬，让他爱上学习

面对学习上的差生，班主任要找到他在学习上的一个闪光点，持续不断地表扬他，通过持续的表扬来逐步放大他的优点，让他收获学习的成功感，渐渐地他就会对学习产生兴趣。

班主任想让学生在某一方面表现好，就要在某一方面表扬他。要想让他在某一方面一直表现好，就要持续不断地在某一方面表扬他。那么，要让一位不爱学习的学生爱上学习，有效的方式，就是持续不断地对他进行表扬。

刚接新班时，我看到语文成绩单上有个学生考了 2.5 分。这个分数着实让我吃惊，语文再不行，也不能考这么低啊，我记住了这个学生的名字——郭子涵。

为了认识他，第一节语文课，我就有意提问他问题。当我喊到他名字的时候，有几个男生笑着面向他。这种笑，带有嘲笑的意思。他个子高高的，坐在教室的后排。他慢吞吞地站了起来，随便说了几句。其他同学哈哈大笑起来。虽然他没有答对，但我还是表扬了他："你回答问题声音很洪亮。请坐。希望其他同学在回答问题的时候，也能做到像他那样洪亮地回答问题。"我一表扬，他很高兴。

每个人的内心深处，都渴望得到他人的认可。老师对学生的表扬，在学生眼中就是对他的一种认可，有了老师的认可，他就会有学习的兴趣。要使他产生学习的兴趣，仅靠一两次表扬，甚至七八次表扬，不可能管用，需要持续不断地表扬。

为了对他进行表扬，语文课，我经常提问他。他的回答，也时常答非所问。即便如此，也要表扬。不是表扬他回答问题的声音洪亮，就是表扬他吐字清楚，不是表扬他站姿端正，就是表扬他上课认真听讲。表扬他的次数多了，他也渐渐拥有了自信，在课堂上开始主动举手了。我在全班郑重表扬他："现在郭子涵进步很大，都能主动举手回答问题了。"此时，全班响起了热烈的掌声。他更高兴了。

要让他的良好行为固化下来，就要变着花样对他进行持续不断的表扬。

在班里借助学生对他进行表扬。我问学生："以前郭子涵举过手吗？"杨逸轩说："他四年来，从来没举过手。这一学期是第一次举手。""只要举手，就说明郭子涵认真听了，没走神。你看咱班那些走神的，肯定没认真听，老师问的什么问题都不知道。"我这一表扬，郭子涵更高兴了，几乎每节课，他都举手，有时他居然能够答对。不会的，站起来，也能随便说几句，不至于冷场。

拿优等生与他对比，在对比中对他进行表扬。班里几个成绩好的学生，上课从来不举手，即使会，也不举手。我对索书萱说："你看后面那一个同学又举手了。"索书萱回头看，郭子涵微笑着，故意把手举得高高的，还特意把手晃一晃。"你应该多向郭子涵学习，学习人家主动举手回答问题。"索书萱把手举起来了。郭子涵高兴了，因为他从我的话里听出了表扬。老师一般都是拿着差生与优等生比较，都会说，你看人家学习那么好，向人家学学，以此来激励差生。可是，这样一比，就比出了差生的自卑，比出了差生的伤心。我拿着优等生的缺点与差生的优点比，在比较中增强了差生的优越感，也激发起了优等生的斗志。

除了口头对他进行表扬，还让他展示自己的学习成果。每天下午第三节课，我给学生留出时间写日记。临下课时，我会让学生到讲台上分享自己写的内容。学生都很踊跃，拿着自己写的日记走到讲台上读。可是从来没见过郭子涵在讲台读日记的身影。课堂上，大家都在奋笔疾书，郭子涵不写，因为他不会写，也不知道写什么。他的日记从来没交。我对郭子涵说："你不写，可以上去说。只要你说了，就不用写，就算完成作业。"他很高兴，却说："我不知道分享什么。"我说："课下，你跟谁玩了，怎样玩的，说一说就可以。"当余璟雯分享完后，我让郭子涵上台。他走上台说："今天下课，我跟马瑞轩在校园里跑。我在前面跑，他在后面追。他跑得太慢了，跑了一个课间都没追上我……"我说："掌声送给郭子涵，他把自己在课下玩的事说了出来。我们写日记就是要写自己的生活。你看郭子涵的课下生活多快乐。"第二天分享时，他高高兴兴地举起了手。只要他举手，我就让他上台。他讲着讲着，慢慢地开始动笔写起了日记，虽然写不长，但是已经开始写。这对他来说是一个巨大的进步。他只要写，我就给他盖上小印章，把他的日记张贴在教室里，进行展示。后来，他开始写起了每周作文，并且还写了长长的一篇。我把他的作文发表在了班级作文周报上。

在我的持续表扬下，他每一天都在进步着……

学习上的差生，并不是一开始就产生的，每个学生都渴望学习好。可是，他们在学习过程中经历了分数的打击、老师的批评、家长的挖苦、同学的嘲笑等诸多负面信息后，体验不到学习的成功感，也就丧失了学习的自信。面对学习上的差生，班主任只需要找到他在学习上的一个闪光点，变换着方式表扬他，持续不断地表扬他，通过表扬来放大他的优点，让他收获学习的成功感，渐渐地他就能对学习产生兴趣。

47. 学习 PK 赛，让他们认真学习

课堂上，总有学生会走神，会不认真学习，借助小学生喜欢比赛的特点，让他们在学习上进行 PK，胜利了，奖给他们砸金蛋、抽奖的机会，就能促进他们认真学习。

小学一年级的课堂教学，管理是重点，因为他们注意力集中的时间较短，并且容易分散。因此，一年级的课堂教学，七分在管，三分在教。

经过一学期的管理之后，大部分学生上课能够认真学习，但是还有三个学生上课学习不认真，走神特别严重。小轩，听着听着就拿起铅笔、橡皮玩起了"打架"的游戏，嘴里还发出"突突"的声音。小琦，听着听着就趴在了桌子上。豆豆，则聚精会神地看向窗外。每节课，我都提醒他们上课认真听讲，但是提醒只能管一点作用，不一会儿他们又走神了。经常提醒，不但分散了我的教学精力，而且效果还不好。

我发现小学生不管做什么事，都喜欢比一比，在比较中他们就拥有了做事的劲头。为了能让他们长久地集中精力学习，我让他们三个在课上进行学习 PK。

学习 PK 赛中，要尽量避免扣星星。我把 PK 的规则告诉他们："你们上课要做到坐姿端正，保持安静，认真学习。上课前，我先奖给每人三颗小星星，一颗是坐姿端正之星，另一颗是安静之星，还有一颗是学习之星。你们要努力守住自己的三颗星，如果上课期间，我发现你们没有做好，违反一次扣一颗星。一节课后，统计你们手中小星星的数量。数量最多的前两位，可获得砸金蛋或抽奖（一款学生管理 APP 上的奖励功能）的机会。"砸金蛋和

抽奖，对他们诱惑力很大，他们来了兴致。

刚上课，我便把小星星发给他们，他们很是高兴。一开始，他们表现很好，坐姿端正，大声朗读课文，积极举手回答问题。如此优秀的表现，这一学期并没有出现过。大约十分钟后，他们开始原形毕露。小琦的身子趴在了桌子上，我提醒他，他立马坐端正。不一会儿，又趴上了。我走到他身边，拿掉他的一颗星，他立马坐端正。我告诉他，到课下如果能继续保持这个坐姿，可以把这颗星还给他。不一会儿，小轩开始拿起铅笔、橡皮玩起来，嘴里又发出了"突突"的声音。我提醒他，他立刻改正。后来，又出现了这种情况，我直接给他拿掉了一颗小星星。他捂着小星星不让拿，并且说："我改。"我告诉他如果下课前能够不玩，就还给他。一节课结束后，小琦因为坐姿和说话的缘故，只获得了一颗小星星。小轩，在下课前没有再玩铅笔、橡皮，我把扣掉的那颗小星星还给了他，他获得了三颗小星星。豆豆，这一节课表现很好，一直认真学习，所以他拥有三颗星。小轩和豆豆获得的星星最多，他们在课上学习 PK 中获得了胜利。在给学生扣星星时，要给学生留出改正的机会，如果改了就还给他，这样他就会有改进的动力。

学习 PK 赛中，还可以额外奖励星星。他们的问题不仅出现在正常上课期间，还出现在课后服务时。课后服务，留出时间让学生完成作业。可是，他们三个就是不做，在那里发呆，在那里玩。我提醒他们，让他们做，他们就是不做。可能作业对他们来说有难度。我同样采用学习 PK 的方式，激励他们。我告诉他们："每次课后服务，你们三个都要进行抄生字比赛，比一比谁抄得多，抄得认真，获胜的前两名可获得一颗小星星。"抄生字，对他们来说很简单，不需要动脑筋，他们很乐意做。

一到课后服务，他们三个就拿出本子和铅笔，抄起来。在抄的过程中，他们三个还时不时比一比进度。小轩会把我叫过去，让我看看他写的生字。我总会表扬他写得很好。我也不断观察他们的抄写情况，写得慢的，我会告诉他其他同学已经写了很多，发现写得不认真的，我会告诉他要写认真一点。

我用语言不断激励他们。课后服务结束后，我把他们三个抄的生字拿到一块进行比较，小琦和豆豆写得多，写得认真，每人获得一颗小星星。

一天结束后，我让他们把自己获得的小星星数量数一数，评出获胜的两位同学（有时他们三个获得的小星星一样多），奖励他们砸金蛋或抽奖。砸金蛋和抽奖两种奖励方式任他们自由选择。

为提高他们 PK 的兴趣，保持他们的新鲜感，奖品的设置丰富多样，并且定期更换奖品。一开始，奖品是实用的学习用品，如笔记本、铅笔、橡皮等。后期，奖品换成了有趣的、好玩的奖品，如免作业、免值日、一颗小星星、表扬、与老师合影等。除此之外，为了增加抽奖的惊险性和趣味性，还设有"谢谢惠顾"。每一次抽奖，他们都会紧张兮兮，不希望抽到"谢谢惠顾"。

对他们奖励的频次，有变化。一开始，奖励频次比较多，第一周，一天奖励一次，目的是提高他们的积极性。第二周，改为两天一次。从第三周开始，就改为三天一次，维持一段时间后，再改为一天一次，两天一次……频次的不断变化，能使他们保持 PK 的积极性。

学习 PK，在课堂上形成了竞争，促使学生认真学习。PK 胜利后的抽奖，从外部给学生以激励，让学生在课堂上认真学习。

48. 小小班币，让学生好好上网课

真正的学习管理，不是老师对学生学习的管控，而是想办法激发起学生学习的积极性和主动性。班币无疑是一种激励学生学习的好工具，线下教学可以用，线上教学同样可以用。

为了管理班级，我在班里创办了班级银行，每周给学生发"工资"。在教室里，每个学生都有自己的劳动岗位，每个劳动岗位明码标价，只要按照要求完成，就会获得相应的劳动报酬即班币。学生乐此不疲地在教室里干着每一件事——作业、值日、读书等。

每周一由"银行行长"计算每个学生的岗位"工资"，并于班会时下发"工资"，这一天是学生最兴奋的一天。学生获得"工资"后，可以参加班级举行的拍卖会、月末影院、跳蚤市场等活动。在这样的班级生活中，学生很快乐。

2022年春，新学期刚开学不久，因为疫情的缘故，不得不由线下教学改为线上教学。班级银行，也随着线上教学的开展而暂停。

一个星期后，班级上网课的情况问题频出。英语老师向我反映，班里交作业的情况不理想，有很多学生开始不交作业，有学生上课看抖音；数学老师向我反映，有几个男生不上课……这些问题我也发现了，不仅这些问题，还有学生上传的作业模糊不清，有学生上课时关闭摄像头后去干其他事情……跟家长联系，有的家长说自己上班忙顾不上孩子，还有的家长说管不了自己的孩子……

面对这种情况，网课怎会有效率？孩子上网课期间，把书房门一关，家

长也不知道他们在书房里是学习还是干其他事情。孩子上网课期间，有的家长在上班，无法监督孩子。老师不在身边、家长不在身边，要让孩子上好网课，就得激励他们。

如何激励呢？我想到了以前实施的班级银行。

周一线上班会课，我对学生说："从本周开始，我们的班级银行继续营业！"欢呼声一片。

鉴于学生线上学习存在的问题，我制定了奖罚班币的规则。我把规则跟学生讲清楚："上课能主动回答问题或者得到老师表扬，一次加 3 个班币，每次作业被评为优秀作业加 5 个班币。每天参与'每日吐槽'（写日记）的挑战加 5 个班币。一周参与阅读理财（每天坚持做一篇阅读理解题）加 5 个班币。"

杨逸轩一算，说："一天可以挣这么多班币啊，好诱人。"其他同学也发出了"哇"的声音。

我说："杨逸轩说得对，线上学习期间挣班币要比平时容易很多。平时，我们是没有这么大力度的。一周也就挣 5 个班币。你们看，线上学习期间挣班币的机会这么多，可要好好努力哦。"

我话锋一转："有奖励就得有惩罚。每天要求上报的数据，没有在规定时间内上报，一次扣除 3 个班币。作业没交，一次扣掉 3 个班币。虽然是上网课，但是也要做作业。旷课一次，扣 3 个班币。上课不认真听讲，发现一次扣 2 个班币……"

线下学习时，各种数据的统计都是由轮值班委和学习组长来完成，谁上课违纪了，轮值班委记录下来，给他扣掉班币，谁的作业没交，学习组长记下来，给他扣掉班币……一周结束后，由"银行行长"核算每个学生的"工资"。可是上网课期间，学生需要集中注意力，认真听讲，不能把负责纪律的任务交给轮值班委。上网课期间，本来学生就盯着屏幕看很久，不能把查作业的任务交给学习组长。但是，学生可以做的事是记录上课回答问题和受表扬的学生。我把这个任务交给了各个学科组长，要求他们把自己负责的那个学科中上课回答问题的学生和被表扬的学生先记录在纸上，一周结束后誊抄在小组群中的在线文档中。网上授课，我们利用钉钉群中的在线课堂，作业布置，利用钉钉群中的作业布置功能。哪些学生交了作业，哪些学生没交作业，上面都记录得一清二楚。旷课以及上课听讲情况，任课教师会反馈在群里。

网课期间，我担任了班级银行"行长"的职务。每周一，我把所有数据整理到一个电子表格中，算出每个学生的"工资"。下午班会，首先给学生发放"工资"。

我说："大家劳动了一周，我们先发放'工资'。"我通过钉钉群里的共享屏幕功能把整个表格共享给所有学生，让他们知道自己获得了多少个班币。

郭知慧问："老师，我做了一周理财，为什么只获得了2个班币？"

我说："你因为一节课没来上，扣掉了3个班币。"

……

学生对自己的班币在乎，那是因为对班币关注。只要学生关注班币，就能有办法激励他们。给他们发班币，只是激励的第一步。还要紧接着有第二步的激励，才能充分发挥班币激励的作用，让学生感到学习的乐趣。

在班会课上，我设计了抽奖环节。一周内班币获得总数位于前十的同学以及有进步的同学有抽奖机会。平时，只有完成了一周阅读理财才会奖励抽奖，奖项的设置无非是班币、优先卡、免做券等。现在学生居家学习，这些奖项对他们来说激励不大，于是我根据他们居家学习的情况设计了如下奖项：多看十分钟手机、免挨打、免作业、免家务劳动等。

发完班币后，我对学生说："接下来进行抽奖。我们每周都会奖励给班币总数位于前十的同学以及进步的同学抽奖机会。"

线下抽奖是通过PPT进行，学生走到讲台上自己按动鼠标，就可抽出奖。线上，学生无法这样操作。我在每个奖项上写上数字，共享PPT，让抽奖的学生说数字,我替他们点。这样也给学生一种现场感和公平感。

我说:"这一周,进步最大的两个同学是姜炎虎和马瑞轩。他俩每节课都在认真听讲,每一次作业都能按时提交,比在线下学习有了很大进步。奖给他俩抽奖机会,希望其他同学也向他们学习。"

他俩分别抽到了免作业和免家务劳动,脸上乐开了花。

"接下来,班币总数前十的同学抽奖。"

杨逸轩抽到了"多看十分钟手机",他乐了。平时家长不让他看手机,只要一下网课,家长就把手机收上来。这下有了这个奖励,他可以光明正大地看了。

一茗抽到了"免挨打",也乐了。他经常因为调皮被爸妈打,有了这个奖励,就可以免去一次挨打。

一周后,我问那几个抽到奖的同学:"有没有用过奖品?"

马瑞轩说:"我免掉了一次作业。"

杨逸轩说:"我用了,太爽了,看了十分钟的手机。"

有了班币的激励,学生交作业的多了,在网课上积极发言的也多了起来……

真正的学习管理,不是老师对学生学习的管控,而是想办法激发起学生学习的积极性和主动性。班币无疑是一种激励学生学习的好工具,线下教学可以用,线上教学同样可以用。

第五章　巧妙化解棘手的家校矛盾

　　班主任带班,不但与学生打交道,而且还要与家长打交道。家长与班主任之间的关系很微妙,沟通好了,是队友,家长与你站在一边,配合你,支持你。不管家校之间发生多大的事,那都不是事,所以班级管理就会一帆风顺。沟通不好,家长立马翻脸,就可能成为"对手",站到你的对立面,反对你,找你麻烦。即使是芝麻粒大小的事,也会变成天大的事,所以班级管理就会步履维艰。因此,家校关系,是班级管理中的一项重要课题,值得每位班主任好好研究。

　　作为一名班主任,不但要会沟通,而且还要巧妙地沟通。沟通的方式多种多样,不仅仅是用语言,还可以用行动。巧妙沟通,在处理家校关系时,能起到四两拨千斤的作用。沟通巧妙,能化解家校冲突,让剑拔弩张的家校关系,变得缓和;沟通巧妙,能增进与家长的情感,赢得家长的信任和支持,让班级工作变得极为顺畅……

49. 顺势引导，消除家长群负面消息

班级群一旦出现负面消息，班主任要根据实际情况，及时对家长进行正面引导，以免让负面消息扩大化。

班主任为了方便与家长交流，也为了便于下通知，都会创建家长微信群。创建群，有利也有弊。利，就是便于交流。在便于交流的同时，弊端也出现了。有个别家长因各种原因会往群里发布一些负面消息，比如孩子在学校被欺负了，孩子在班里受委屈了，甚至还会在群里直接怼老师……

为避免这种负面消息在群里出现，我制定了群规："关于孩子的个人问题，请单独通过小窗口联系我。"即便如此，建群不到一个月，负面消息还是出现了，并且是接踵而至。

下午放学后，不到五分钟，有位家长在群里抱怨道："田老师，你们教室有蚊子啊，太多了，孩子被咬得头上好几个包啊！班级窗户上没纱窗吗？学校不灭蚊吗？"

我一看，这样的话在群里发，明摆着是说教室环境不好，明摆着是想引起其他家长的共鸣。我真想怼一句："对不起，我没把我们教室的蚊子管理好，让它咬了您的孩子。"更想怼一句："老师是管学生的，不是管蚊子的。"我如果这样做，班级群便成为了我和家长的战场。

既然她指出班级环境有问题，那么良好的班级环境应该由大家，也包括那位家长来共同创造，我没有直接回应她，而是在群里引导着家长思考并公开讨论如何去解决教室里的蚊子问题。于是，在群里发了这样一则消息："一楼窗户外面是花丛，蚊子偶尔会光顾教室和办公室。希望有着丰富生活经验

的家长，可以为我们支招——驱赶蚊虫。"

有家长说："下午，我让孩子带点蚊香过去。"

还有家长说："下午放学后，我带点杀虫剂过去。"

……

此外，我还单独与那家长通过微信沟通，解释了一下，表达歉意："实在抱歉，蚊子把孩子咬了。因为在一楼的缘故，蚊子比较多。"家长立刻回复说："教室有插座的话，我让孩子拿个电蚊香去。蚊子比较喜欢我的孩子，哈哈……"

你看，通过一番对话，问题解决了，家长没有再抱怨，反而想出了解决问题的办法。公开讨论这一招确实管用。

期末，有家长在群里抱怨道："老师布置的作业太多了，孩子做到十一点都做不完。"

我看到这一则信息后，内心咯噔一下，心想语文作业布置的不多啊，又问了一下数学老师布置的作业情况，两门学科加起来，不到一个小时就能完成，看来不是老师布置作业的问题。如果我跟家长解释说，语文、数学布置的作业都不多，她肯定不会相信，不如让其他家长告诉她。于是，在群里发出了一则消息："请各位家长回复一下自己孩子平时完成作业的时间，以便老师了解学生在家做作业的状况。"

有家长回复："孩子，一回到家就做，不到一个小时就能完成作业。"

"我孩子四十分钟完成。"

"孩子在学校完成一部分，回到家后，不久就能完成。"

也有家长回复："我家孩子做作业拖拉，一边玩，一边做，能做到很晚。做作业的习惯不好，我以后多加督促。"

在群里，大家把自己孩子做作业的情况一说，是作业多的原因还是其他个别原因，那个家长心里也清楚了，不需要我进行过多的解释。

没过几天，更严重的消息出现了："某些家长注意了！不要总是教自己孩子用武力来解决问题。如果都像你们这么做，以暴制暴，任何问题都得不到圆满的解决……"

接着又来了一条："如果出现什么问题，都用暴力解决，那我们就别让孩子去解决了。家长们用暴力更能解决问题。一次次的简直太气人了！"

有好心的家长在群里问，"这是怎么了""孩子在学校受欺负了吗"……还有的安慰道，"消消气""冷静一下就好了"。

我一看，她的语言有些过激，不便在群里问，如果在群里问，她情绪会更加激动。于是，我便及时单独联系她，她才把事情的原因告诉我——她的孩子被班里的某个学生抓伤了脸。

我便安慰她："当孩子受到伤害后，作为家长心里肯定十分难过，有情绪可以理解。孩子间发生矛盾是在所难免的。但是，小孩子之间没什么大的矛盾，一会儿就好了。作为父母的我们，都是成人了，应靠自己的智慧、经验，帮着孩子解决自己遇到的难题。"

她说："我明白了田老师。"

她为何如此生气，我猜她的孩子，以前从来没有遇到过此类事情，便试探着问："孩子在幼儿园遇到过这样的情况吗？"

她说："没有。"

我给她分析原因："因为幼儿园是好几个老师围着孩子转。但上了一年级后，课间都是自由活动，没有老师盯着，小孩子间会出现打打闹闹的情况，在打闹中难免受伤。像这种个别性的问题，可与老师单独反映，老师会给你解决的。不要在群里影响其他家长，再说了把自己孩子受欺负的事，公开说出来，对自己的孩子也不好。"

她说："谢谢，我知道了。"

然后，她在群里说："对不起，我有点情绪失控……孩子之间免不了出现些问题……"

家长群里，一旦出现了负面消息，班主任要顺势引导，及时化解，以免让负面消息造成不良影响。班主任在引导时，要根据实际情况，选择合适的方式解决，有些问题，可在群里借助家长的力量，公开解决；有些问题，要单独引导，私下解决。

50. 以退为进，化解家校冲突

在家校沟通时，面对恼怒的家长，班主任要采用以退为进的策略，先以退让的方式平复家长的情绪，获得冲突解决的主动权，再用积极引导的方式化解冲突，解决问题。

学生一旦在班里受了委屈，家长就会带着怒气，不分青红皂白地找到班主任，给自己的孩子讨个说法。面对此种情景下的家长，班主任要平静地与之沟通，才能化解冲突。

"田老师，我想问问你，谁给学生的权利，让学生罚学生的钱？"小恒爸爸的电话里充满了火药味。他这一问把我问懵了，我极力搜索近来发生的跟小恒有关的任何事情，想了半天没有想到一件跟钱有关的事情。我问道："发生了什么事情？"他说："孩子回来哭着说，他因为没干值日，小罗要罚他钱，还给开了罚单。你班里还有个叫小阳的，因为我家孩子没完成作业，小阳给他开了罚单，也罚钱。我问问你谁给的权利，允许学生开罚单罚钱？"

我一听便明白什么事了，于是向他解释说："情况是这样的，我们班正在用'班级银行'管理班级，每个学生……"我还没说完，就被他打断了，他开始质疑我的管理方式："听孩子说了，我还正要问你，你这不是把孩子往功利的方向培养吗？小小的孩子就开始让他们往钱眼里钻，开始经济制裁。再说了你这制度侵害了我孩子的心灵。"他越说情绪越激动，越说语气越凶，越说声音越大。这时，我内心的火气也上来了，真想跟他理论一番：你孩子完不成作业，不干值日，其他学生管他就有错了？你怎么不从你孩子身上找原因？同样是实行这样的措施，其他家长怎么没有找的？我反过来一想如果我也带着火气跟他交流，不但解决不了问题，而且矛盾还会进一步激化。

我深吸一口气，使自己的情绪平稳下来，强压着心中的怒火对他说："小恒爸爸，您先听我把我的管理方式说完，这个做法是从美国一位著名的老师——雷夫那里引进的，他的操作模式已经非常成熟了，后来咱们中国的一位著名老师——常丽华在自己班里进行了实践，她是咱山东临淄的，离着我们这里比较近，后来去北京发展，她在自己的班里也让学生'挣钱'，还设置了'警察'，他们的职责是专门给完不成任务的同学开罚单。她后来还专门写了一篇文章正式发表了。这个措施在管理班级方面非常奏效，全国各地的其他老师也都正在使用。我刚才讲的这些，都可以从网上查到的。"我讲这些——从美国引进的，是著名教师实践过，并且其他老师也都在使用，让他感觉这个措施没有问题。

他一听这项措施没问题，就开始把问题指向我："你也得根据自己的实际情况，不能死搬硬套啊，在国外能实行，在国内能实行吗？在其他老师那里能实行，在咱们这里能实行吗？要不是你实行这个措施，俺孩子也不会受这么大委屈。"

我感觉他问的问题有一定道理，于是退一步，赞扬他说的话："您说的这话太有道理了，看问题看得很精准，我很佩服您。"经过我对他的一番夸奖后，他的语气开始变得柔和了起来："田老师，你别这么说，我只是说了我自己的看法。"

他之所以提出这样的质问，情绪如此激动，我也能理解，于是与他共情："我也有您那样的感觉，别人那里行的，在我这里不一定行，我也在探索着，让这个措施更适合我们。"

接下来，我跟他详细讲述，在班里的具体做法："我为了在实施过程中避免误解，也为了避免让学生往钱眼里钻，我们班级在实行时把'钱'改成了'幼苗'，也没有设置'警察'这一角色，只是告诉了哪些同学负责开罚单，其实开罚单的目的就是通过书面的形式告诉学生你这件事没做好，要在规定的时间内完成,当然也有相应的惩罚措施,扣除他自己劳动挣得的'幼苗'。自从实行了这个办法以来,还没有家长向我提出过质疑,我也很希望能听到质疑,也希望家长能帮我们发现措施的不足,这有利于我们改进,也利于班级的管理,您说对吧?如果光说自己很好,掩盖了缺点,不改正缺点,我们又如何进步呢?您说是这样吗?"他说:"对,对。"

我再后退一步,让他给我提建议:"我身上也有很多缺点,也希望咱班直爽的家长能给我提出来,使我改正啊。我优秀了,教出的学生也会优秀的。我们在教育孩子时,也是这样的,心胸要宽阔,要能听进别人的建议,俗话说忠言逆耳利于行嘛!"

最后,我拍了一下他的马屁,说:"通过我对您的了解,您很重视对孩子的教育,从来不娇惯孩子,只要发现了孩子的问题就立马帮着孩子改正,是吧?"

我的三次退让,表面上来看,是在向家长示弱,是在顺从家长,其实我在顺着他的讲话思路沟通,一是平复他的情绪,二是在沟通中获取主动权。

他最后不好意思地说:"小恒这个孩子吧,品行不错,没有坏心眼,孩子们都愿意跟他玩。他唯一的不足就是有点懒,不爱劳动,习惯也不好,回家后不按时完成作业,我跟他妈妈都很忙,也管不上他。我们当家长的以后在督促孩子方面会多用心的。田老师,我刚才有点激动,别往心里去……"

交流至此,他的情绪不再那么激动,而是开始进行自我反思,火药味已不再那么浓。我看,给他提要求的时机已经成熟,于是对他说:"我们共同努力把孩子管好。关键是家长得对孩子多用心,最起码每天得让孩子按时完成作业,也让孩子把获得的罚单尽快清理完毕……"

一般,家校冲突都是从言语冲突开始。当事情发生后,家长往往会带着自己的偏见,带着怒气找到班主任,在与班主任交谈时,还强词夺理。面对强词夺理的家长,不管班主任的做法多么在理,都不可用强势的语气与之沟通,因为家长很容易被激怒,使矛盾被进一步激化,事情就变得难以处理,最终对班主任不利。班主任可以采用以退为进的策略与之沟通，不管自己对还是错，退让，不是退缩，也不是示弱，而是为了消除家长的怒气，平复家长的情绪，获取沟通的主动权。等家长的怒气消掉，语言缓和之后，再去"进攻"，此时，不管班主任怎么讲、讲什么，家长都能听进去，也容易接受。

51. 根据性格，有策略地沟通

班主任在与家长沟通时，要根据家长的脾气、性格甚至是文化背景等，进行有策略的沟通。

千人千脾气，万人万模样。班里的每位家长脾气性格，各不相同，有的急躁易怒，有的亲切友善，有的沉稳大方……班主任在与家长沟通时，要充分了解每一位家长的脾气性格，依据家长的脾气性格类型，进行有策略地沟通。

放学站队时，吴欣宇被前面的学生打了一下，并没有受伤，他妈妈得知这件事后立刻给我打来电话："嗯，我听说欣宇被子墨打了。"我赶紧解释说："情况是这样的，放学站队时吴欣宇往前挤，一个劲地挤，子墨烦了动起了手。"她说："烦了也不能动手啊，欣宇学习不行，不能受别人欺负啊，只要有一个欺负，就有第二个，学生要团结，不能因为他学习不好就挤兑他……光这样不行，咱班里再这样，他就厌学了，咱班级要团结，同学之间要相互关爱，班里不能出现这样的事情……"她越说越生气，越说声音越高，并且说的越来越不在理。我很想去跟她理论一番，可是仍旧静静地听着。因为从跟她多次的交往过程中，我了解到她是一位脾气十分火爆的家长。

面对脾气火爆的家长，班主任如果用强硬的态度与之进行沟通，就会发生争吵，事态会往更坏处发展。我换了一种方式，先平心静气地倾听，让她把自己的情绪发泄完毕，然后抓住时机适当表扬："你说得太对了，能够站到班级的高度，团结的高度，来思考这个问题，如果咱班的家长都能够像你这样思考问题，咱班就好了。"每个人都爱听赞美的话，当他人生气时，赞美一下，他会变得平和起来。经过我的一番夸奖，她心里美滋滋的，语气平和了许多，情绪也平稳了下来。

我继续说："你也看到，今天咱班放学是最晚的，家长们都在外面等着，那是因为，我第一时间发现后，就立刻处理这件事，耽误了放学。刚才我也训了他一顿，也跟他家长说了，下午来了我再教育教育。"她说："好，嗯，再见，bye bye！"事情也就这样结束了。

这件事我采用了"以柔克刚"的办法，三言两语成功地解决了。面对脾气比较火爆的家长，班主任先不要跟他讲道理，也不要受他的情绪影响，而是耐住性子去倾听、适时赞美、寻找时机去沟通。

一位家长在班级群里抱怨说，冬天学校光给学生做凉饭。我看到这则消息后，十分惊讶，她怎么能说这样的话呢，因为在跟她多次的接触过程中发现，她是一位通情达理的家长。这样的话，在班级群里说出来，很容易引起家长的误解。我第一时间直截了当地在群里回复："在冬天，学校不会给学生做凉饭，我中午也在学校吃饭，我了解。之所以会成为你所说的凉饭，是因为咱班学生站队比较慢，走路经常打闹，因此走到食堂后，饭菜就凉了。现在的一年级站队就餐的速度都比咱班快。全校四五百学生同时吃饭，为了不耽误学生就餐，分饭的师傅会在学生下课前提早把饭菜分好。在学校不可能像在家一样，把刚做好的饭菜端到孩子的面前……"

事后，这位家长单独给我发了条信息，说："田老师，不好意思，我这人心直口快，想说啥就说啥，从不考虑后果，惹您生气了，实在抱歉。"我给她回复了一个笑脸，说道："没事，我只是把事情的情况向大家说清楚而已，以免您的说辞，让所有家长产生误会。"

对这位家长，我采用摆事实讲道理的方式与她沟通，因为我知道她是一位能听进他人建议，不固执己见的家长。对于通情达理的家长，班主任就要跟他摆事实讲道理，并且要据理力争地讲。

家校之间问题的处理，成也沟通，败也沟通。因此，班主任需要具有

"见什么人，说什么话；到什么山，唱什么歌"的语言表达能力。要具备这样的能力，首先要了解家长的脾气、性格甚至是文化背景等，知道家长是什么样的人，然后再根据家长的脾气性格，采取恰当的策略与之沟通。

52. 提前沟通，防止产生误解

班主任在教育学生时，为了避免家长产生误解，最好的办法就是，提前与家长沟通交流。

家长对班主任产生误解，无非出于这样两种情况：一种是对班主任的管理措施不理解，另一种是对孩子间在学校发生的不愉快事情不理解。如果班主任能提前跟家长做好沟通，让家长了解这些事，家长就不会产生误解。

对于共性的问题，要以家长会的形式，跟家长提前沟通。刚接一个班，不管是中途接班，还是教起始年级，班主任都务必要在第一个家长会上，跟家长讲清楚两点重要的内容：一是学生在学校会出现什么样的常见问题，因为家长不了解这些常见问题的真相，容易从自己的认知出发，也就产生了误解；二是自己管理班级的理念和措施是什么，因为家长不理解老师这些做法的初衷，也会产生误解。

我教一年级时，在第一个家长会上，先跟家长讲一年级学生会出现的各种情况以及我的管理办法。我跟家长讲小学跟幼儿园不同，幼儿园是三四个老师围着三四十个学生转，学生的一举一动都在老师眼皮底下，吃喝拉撒睡等都在一个房间里，学生不会出现任何打闹、受伤等安全问题。可是到了小学就不一样了，上什么课，什么老师进教室，上完课老师回办公室，不会每时每刻盯着学生。下了课，学生到校园里自由活动，他们在活动时，就会你追我跑，你打我闹，因此发生一些打打闹闹、磕磕碰碰的事在所难免，我们只能把孩子受伤的情况降到最低，但无法避免，家长看到孩子受伤后，不要误以为自己孩子在学校受到欺负，不要以为他们之间有什么大矛盾，一年级小孩子之间这些都不会发生。我跟家长们讲了一年级新生上课的规则，比如为培养学生良好的学习习惯，不许学生上课玩铅笔、喝水，一旦发现，就把他们的铅笔、橡皮和水杯暂时没收。我还跟家长讲，有的孩子在学校里跟其他同学发生矛盾或者受伤后，不好意思跟老师说，而是回家跟家长说。不跟老师说，老师就无法知道事情，不是老师不管，而是老师不知道，不知道也就无法去处理，还望家长要嘱咐孩子，在学校里发生的事，一定要第一时间跟老师说，让老师帮着处理。后来，孩子因打闹受点轻伤后，也没有家长找我讨要说法。当我把学生的铅笔、橡皮和水杯没收后，没有家长责怪我，也没有家长跟我要，因为他们知道是自己孩子做错了，他们知道是我在管他们的孩子。假若我不事先跟家长们讲清楚这些，肯定会有家长责怪我。

对于个性的问题，要与个别家长提前单独交流。共性的问题，在家长会上说，个性的问题，要单独跟家长交流。不是所有家长都关心孩子的学习，但每一位家长都十分关注自己孩子的安全。在学校稍有什么闪失，家长就会找班主任讨要说法。

班里有几个调皮的学生，课间经常打闹、惹事。他们极有可能会因打闹把对方弄伤，或因自己调皮导致自己受伤。为了不因孩子的意外受伤，让家长产生误解，我把这几个学生的家长叫到一块儿跟他们交流：咱们这些孩子有一个共同特点——活泼、好动，课下经常打闹。有人说，这样的孩子都很聪明，富有创造力。我也给各位家长打过电话了解过孩子以前的情况，你们也反映自己孩子好动、调皮，自己管不了孩子。这些孩子确实也惹了些麻烦，你们想想，自己一个这样的孩子都觉得难管，可是我们班有十几个这样的孩子，管理难度可想而知。这些孩子因打闹受伤的可能性会比较大，当孩子受伤后，不但你心疼，作为老师也心疼。如果孩子受伤了，希望各位家长能够相互理解，毕竟孩子之间的打打闹闹在所难免，在打闹中受伤也不可避免。为了不让孩子受伤，老师不可能不让他们到校园里去活动吧，不可能不让他们在一起玩耍吧……散会后，有家长对我说，孩子让您操心了；还有的家长表示，在家一定好好管管孩子……听到这样的话，内心暖暖的。只要提前跟家长沟通好，家长就能理解。

班主任把一些事情和问题提前跟家长讲清楚、讲明白，家长了解了，误会就少一点，甚至不会产生任何误会。

53. 及时联系，避免工作被动

学生在学校发生意外伤害后，不管伤势轻还是重，班主任都要及时联系家长：一是尽班主任的监管责任，告知家长孩子的伤势，如有必要及时就医，以免错过最佳治疗时间；二是让家长感受到班主任对孩子的关心和关注，避免产生情绪。

有时学生会在学校发生点意外伤害，但伤势不重。有的班主任认为只是擦破了一点皮或者只是红肿而已，没什么大碍，就不跟家长说。有的家长对这种小伤不在意，不去计较，而有的家长非常在意，出现这种情况后，就会找班主任，从而导致工作进入被动状态。

为避免出现这种状况，学生受了伤，无论大事还是小事，都要第一时间告知家长孩子受伤的状况及原因，并建议家长及时处理孩子的伤势。

上体育课，小猛不小心把球踢到了小杰的眼上，小杰的眼受伤了，一节课都不能睁眼，一直趴在桌子上。我看了一下他的眼睛发红，但没什么大碍。即便如此，我也立刻打电话，分别把这件事告知了小杰家长和小猛家长。告诉小猛家长的目的，是让他去处理这件事，毕竟是自己的孩子闯了祸，告知小杰家长是让家长知道自己孩子受了伤，并及时就医，同时也让家长感觉到我已经尽到了关心和及时告知的职责。

半小时后，小杰妈妈打来电话说："我带孩子到社区卫生室看了一下，开了眼药，如果还感觉不适就要到医院去。小猛妈妈也主动联系我要跟孩子去检查。我说没必要，没什么事。"她说话的语气比较平和，没有什么情绪上的波动。我给她吃了一颗定心丸，说："孩子有什么事，随时跟我联系。"

第二天早晨，六点多，她给我打电话，说孩子感觉眼睛看东西还是模糊，想去医院检查一下。我联系小猛家长，让其陪同。如果昨天我不及时联系小杰家长，一旦出现这种情况，家长肯定会有很大情绪，认为班主任没有履行职责，没能及时告知家长，导致孩子病情被延误，家长会把至少一半的责任推到班主任身上。

联系完家长后，并不代表着这件事已经结束，如果孩子病情严重的话，还要打电话慰问一下，让家长感受到班主任对孩子的关心。

上午，我估计他们差不多看完病了，就主动给小杰妈妈打了电话，询问孩子的情况。小杰妈妈说："查了一下，就是眼睛充血，没什么大碍。"这样，我也就放心了："孩子没什么问题，比什么都好。"她还不忘感谢小猛的家长："早晨，小猛爸爸给我打电话时，还挺着急的，小猛的爸爸、妈妈还都陪着来了，他妈妈还抱着个小孩。"我说："是啊，他家的小孩很小，没人看。"

到此，这件事就这样顺利处理完了。在这件事上，我并没有花费多少时间，也没有遇到任何难解决的地方。如果我不事先与家长进行沟通，小杰妈妈看到孩子受伤后，一定会情绪化地质问我，孩子是怎么受伤的，受伤了为什么不先通知家长，并且还要对我进行一番埋怨和指责。当她进行这样的质问之后，我再费尽心思地去解释，不管解释得多么完美，都无济于事。那么，这件事，在处理时就会陷入被动状态。

学生在学校活动，很容易出现磕磕碰碰等情况。低年级学生受伤后，有的不跟班主任说，而是回家跟家长说。这样也会给班主任工作带来被动。所以，班主任要跟学生强调，在学校受伤后，一定要及时跟老师说，老师帮你解决问题。即便如此，也有学生不说。那就每次放学前问学生，有没有发生矛盾，有没有受伤或者有没有看到其他同学受伤。以便及时了解学生情况，做到及时跟家长沟通。

这样，家长就不会因事件的发生而情绪化。那么，班主任在处理问题时，也就占有了主动权，不至于被动。

54. 抓关注点，突破难缠家长

班主任与难缠家长沟通时，如果一直处于胶着状态，无法突破，那么就抓住家长关注点，与之沟通，问题便能迎刃而解。

两个学生打闹，其中一方受伤后，如果伤势不重，只需另一方赔礼道歉，问题就能很快解决；如果伤势重，需要陪着对方到医院看病，问题也能解决。可是，遇到难缠家长，不管伤势轻还是重，这样的操作根本无法解决问题。

中午，小梦妈妈打电话跟我说，孩子在学校被小浩打哭了，下午要来学校解决这件事。下午刚上班，小梦和她妈妈来到了我办公室。我打电话给小浩妈妈，让她也来学校。

小梦妈妈要求到医院做检查，我陪着她们一起到了医院。小浩妈妈先去挂上号，然后领着小梦、小梦妈妈去门诊看病。大夫询问了病情后，开了单子，让她去做彩超。做完彩超后，在去门诊室的路上，小浩妈妈跟小梦说，这次是小浩的不对，你们以后还是同学。小梦妈妈就跟我说，小浩这孩子以前是怎样欺负小梦的，让我狠狠教训他之类的话。在门诊室，大夫看完彩超报告后说，没什么问题，休息一下，还需要再观察，只要不出现恶心、大便带血就没事了。临走前，小浩妈妈把自己的电话号码给了小梦妈妈，说孩子有什么事给她打电话。刚出医院门，小浩妈妈就从商店里买了一箱牛奶，放进了小梦妈妈的车里，对小梦说："阿姨也没给你买什么好东西，提箱奶回去补一补吧。"

从处理问题的整个过程来看，小浩妈妈已经仁至义尽，该做的都做了。

事后，我两次打电话问孩子的病情，一是出于对小梦的关心，二是为了解决问题。一次是当天晚上六点多，她妈妈接的电话，说还疼。第二次是第二天下午，小梦接的，她说已经不疼了。不一会儿，她妈妈给我打来电话说，孩子的肚子还疼。此时的我有点纳闷，刚才孩子都说不疼了，怎么又疼呢？肯定有蹊跷。她还说，小浩当着那么多人的面打她孩子，以后她孩子还不光受别人欺负呀？孩子说都不好意思上学了，肚子还疼，明天还疼的话就不让孩子上学了，让我跟路老师商量着处理这件事。她在继续发泄着她的不满情绪。

挂断电话后，我想：我该做的都做了，一是联系家长，二是陪同看病，三是关心慰问。小浩妈妈该做的，也做了：给孩子看病，赔礼道歉，买慰问品。但问题还是不能解决。现在主要是，小梦妈妈不想让这件事痛痛快快地了结。

一个问题的成功解决，要选准突破口。同样，家校矛盾的解决也要选准突破口。突破口找对了，问题也就容易解决了。现在看来，用常规的方法解决此事，行不通，得从其他方面入手。小梦妈妈平时很关注孩子的学习，每天的作业，都给她认真检查，每次考完试，都要询问孩子的成绩。何不从考试成绩上攻破她呢？我找出小梦上学期的期末成绩，然后给小梦妈妈打去电话，接着刚才的说话内容说："要是孩子周一肚子不是很疼的话，最好让她来上学，我看了一下孩子上学期的考试成绩，孩子学习挺好的，语文、数学都是九十多，咱别给孩子耽误学习啊。你也知道现在考高中比考大学还难，要是考不上个好初中，上个高中都有问题。"我先肯定孩子的学习成绩，然后再说现在的升学难度大。她说："这个我知道啊。"我心想，看来这个突破口找准了。我抓住这一点，针对她说的周一不让孩子上学这件事，说："孩子现在快小学毕业了，学习也挺紧的，下周我们讲说明文单元，这是一个重点，也是难点，并且星期一语文、数学、英语三门考试学科都有课，如果落下了，很难补。"她听我这么一说，有了想让孩子上学的意思："孩子现在感觉不好意思上学了，那天他当着那么多人的面打她，怕同学们笑话她，要不，我送她去吧。"我一听，这是一个好的苗头，她开始有所转变了，但是她若送孩子来，我估计她还是没完没了。于是，我便顺着她的话，从孩子面子的角度出发，说："送来也可以啊，但是别让其他孩子看到你，如果被其他孩子看到你的话，他们还会乱说的。"她终于妥协了，说："要不让她自己去吧。"我一听这句话，悬着许久的心才落了下来。周一，她再也没找任何麻烦。

　　班主任与难缠家长沟通时，如果采用常规的处理方式无法解决，或者采用常规的处理方式处处受阻，一直处在胶着状态时，那就寻找家长的关注点，比如孩子的考试成绩、孩子的面子、孩子的心理状况等等，以此作为突破口进行沟通。只要找对了突破口，问题就能迎刃而解。

55. 智慧拒礼，保持家校纯洁

每一位班主任，都应拒绝家长的礼物，做廉洁的教师，保持纯洁的家校关系。

作为班主任，在工作中会遇到家长送礼的情况。家长给班主任送礼，无非有二：一是真心感谢班主任对孩子的付出，但是这种情况很少；二是孩子在班主任手底下，希望班主任能多多关心照顾，这种情况居多。俗话说，吃人嘴软，拿人手短。收了礼，就要格外用心地照顾人家的孩子，甚至会有失公平地照顾。作为班主任，为了能公平公正地对待每一个孩子，也为了自身的廉洁，不管是哪一种，决不能收。班主任面对送礼的家长，要智慧地拒绝。

面对家长送礼，要执着而委婉地拒绝，给家长留有面子。

周二期末考试，王朋得了腮腺炎无法参加考试，我与王朋妈妈约定，下午让她到校拿试卷。可是，到了下班时间，她还没来，于是我便拨通了她的电话："王朋妈妈，您好，您什么时候来拿试卷？""田老师，我正要给你打电话，我到你家里拿试卷吧。"我说："我家在西区，离这里比较远，要不这样吧，我也要下班了，我把试卷放到门卫那里，您到门卫那里去拿吧。""没事的，我到你家去拿吧。"她执意要去我家的目的，我已经领会到了其中的意思。"我还是放到门卫上吧，你就不用再跑那么远的路了。"把试卷放在门卫便能避免与她直接接触，也避免了收礼的发生。

我把王朋的作业本、新书、试卷还有奖状装到了一个兜里，放在了门卫。然后，我又给王朋妈妈打了电话："王朋妈妈，您好，我已经把孩子的试卷放到了门卫，您抓紧时间过来吧，以免在那里弄丢了。""田老师，要不您到转盘那里去。"她的这一句话，更使我明白了她的意图。我委婉地拒绝："不好意思，我不走那里，您直接到门卫那里去拿就行了。"

我离开学校十分钟后，她打来电话："田老师，您在哪里了？"我说："我坐上公交了。""我给您带了一箱大米。"这时，她终于说出了她的意图，"您可不可以先下车，我给您送过去。"我见她比较执着，就直接拒绝："谢谢您，您的心意我领了，不用麻烦了，您自己留着吃吧。"她见我比较坚决，就没有再强求。寒暄几句，我便挂断了电话……

面对被动"收"礼，要巧妙退还，不让家长尴尬。

有一次，小萱妈妈给我打来了电话说："田老师，我充话费时，往您手机里充了100元，以便您与家长们沟通交流……""你……唉……我……"我这一下愣住了，开始语无伦次起来。这100元话费，在我毫不知情的情况下，被动接收了，内心很不是滋味。该如何还给她呢？开学后把100元当面给她吗？这样会令她很难堪。要不，往她手机里也充100元吧，然后给她发个短信："小萱妈妈，您好，感谢您的100元话费。这钱我不能要。我希望我与家长之间的交往是纯洁而朴素的。敬请谅解。"这也会令她很没面子。

如何既能把这100元退给她，又不让她感到尴尬呢？班里许多家长对班级活动很积极，元旦时，帮着装饰教室；走廊文化评比时，帮着装饰走廊文化……小萱妈妈很想为班级出点力，但是都因为工作缘故，无法参与。那么，就用这100元钱，给学生买几本书，以她的名义捐给班级，一来也算把钱退还给她，二来帮助她为班级作贡献，让她的爱心洒向孩子们。

我把这样的想法跟她商量时，她很乐意。开学后，我在购买的新书扉页写上："小萱妈妈，赠给奇迹班的孩子们。"我拿着书对全班学生说："这100元的图书是小萱妈妈捐给咱们班的。"还没等我说完，小萱的脸上就露出了自豪的表情。同学们给她鼓起了掌。

班主任面对家长送礼，要坚决而委婉地拒收；当被动"收"了礼后，要智慧地退还，可以把礼物转换成同等价格的班级用品，如图书、学习用品等，以家长名义捐给班级，还可以购买同等价格的图书或学习用品等，送给他的孩子。

56. 以静制动，沉着应对质问

家长因某事质问班主任时，班主任要管理好自己的情绪，保持冷静，耐心倾听他的诉说，用一种柔和的方式与之交流、沟通，避免激化家长的情绪。

家长对班主任的某种做法不理解、不满意时，往往会采用质问的、不礼貌的语气与班主任对话。班主任听到这种语气，往往很恼火，但是要管理好自己的情绪，沉着冷静地与之交流，才能更有效地解决问题。

中午，我正在办公室休息，小然爸爸打来电话，质问我："有个事，我不明白，孩子回来说安全演练收费，到底怎么回事？"我一听他的语气不对，立刻明白了什么事，便客观地解释说："前段时间，让孩子自愿报名参加安全演练，小然报名参加了，所以要收取一定的费用，这个是校外机构组织的一次活动。"他又说："你也没通知家长说收费啊？"这分明是想把责任推到我身上，我仍旧平静地解释："报名前，我已经在QQ群里下通知了，并且还跟学生说，回家问问家长是否同意，同意你才能报名。"他毫不客气地说："我整天忙得很，哪有时间看通知？"

一连串的质问，让我很是恼火。人与人沟通时，70%是情绪，30%是内容。70%的情绪，在交流沟通中起着关键作用。班主任与家长交流时，如果不能管理好情绪，不能好好说话，那么问题就难以解决。面对他的质问，我管理好情绪，实事求是地、客观地回答他的每个问题。当他把没收到通知的责任全部推到我身上时，我内心当然很生气，但是仍旧心平气和地与小然爸爸交谈："小然爸爸，你说得很对，是我没通知到每一位家长。我误以为在群里发个通知，家长们都能看到，虽然我教这群孩子四年了，从一年级起就告诉家长们要关注家长群里的通知，但是忽略了咱班有些家长很忙，没有时间看通知这种特殊情况。我也担心有些家长看不到通知，所以又告诉孩子，回家一定要征得家长的同意后，才能报名。可是，我忽略了有的学生非常愿意参加，但怕家长不同意，就私自做主报名。您如果不及时指出我工作上的这个疏忽，我可能还一直误以为每一位家长都收到了通知，因为四年来我都是这么下通知，没有一位家长跟我说过，可能是他们不好意思吧。我以后发通知要注意关注每一位家长收到的情况。所以得谢谢您！"

在谈话中，我讲明白了，我已经尽了通知每位家长的责任，同时也分析了小然瞒着家长自己报名的原因。我把"四年来我都是这么下通知，没有一位家长跟我说过，可能是他们不好意思吧"逐字逐句说了出来，目的是要告诉他没有任何一位家长不关注群通知，除他之外。有些话，虽然我不便于直接说出来，但是我要通过画外音的方式说给他听。当他听完我的解释后，内心的火没有了，于是说："田老师，不好意思，刚才我有些激动，这孩子报名，也没跟我说就自己报上了，我以后多关注群里的通知，给您添麻烦了。"

面对家长的质问，班主任要管理好情绪，沉着、冷静地给予解答。不管家长质问的语气多么不礼貌，班主任都不可用生硬的语气和强硬的态度与之交流，否则不但不利于问题的解决，而且还容易使矛盾进一步激化。一旦矛盾激化，受伤害的往往是班主任自己。面对家长的质问，班主任要采用以静制动的方式，沉着冷静地抓住他的问题，有理有据地去回答。

57. 积极联系，快速获得家长认可

班主任中途接班，首先要通过主动帮家长解决教育难题的方式，与家长建立积极联系，获得家长认可。

几乎每位家长都会对中途接班的班主任持一种怀疑态度——这个班主任行不行？班主任想要中途接好班，首先要打消家长疑虑，快速获得家长认可。如果家长对班主任不认可，那么班级工作开展就不顺利。许多班主任认为快速获得家长认可的方式，就是把班级带好，在各种评比中取得好成绩。其实不然，大部分家长关注的是自己孩子，而非是班级。因此，获得家长认可的最快速方式是分批帮助家长解决教育孩子的难题。

每个班都有几个非常爱说话的家长，他们在接送孩子时会与班内的甚至其他班的家长交流班级和老师的情况，这在一定程度上对老师的工作起着宣传作用。班主任刚接班，不可能在短期内马上了解所有学生，也不可能立马解决所有家长教育孩子的难题。为了快速获得家长的认可，可以先关注并解决这部分家长教育孩子的难题。

王梓萱妈妈就是一位喜欢与其他家长交流的家长。我发现，王梓萱并不怎么读书。我多次主动跟她妈妈交流王梓萱的读书情况，她妈妈很无奈地说在家让孩子看，孩子就是不看。最后，我给她支招，让她把书给我，我转送给王梓萱。第二天早上，她就把一摞书放到了我的办公桌上。

如何送给王梓萱呢？得找一个恰当的理由才行。连续三个早上，我都发现她在教室的图书角那里看书。班会课上，我面对全班学生说："连续三个早上，我都发现咱们班有一个同学在教室的图书角那里看书，你们知道是谁

吗?"他们便七嘴八舌地说了起来,"徐梦阳""郭子奇""王皓彬"……他们说出了很多名字,都被我一一否定了。我郑重其事地说:"是王梓萱,她很喜欢读书,我发现她已经连续三天在教室的图书角看书了。"当她听到自己的名字时,不由得惊讶了起来。从她的面部表情上,我看得出她很兴奋。马建昊说:"对,我也看到了。"我说:"是不是应该给她点掌声鼓励一下?"接着,掌声响了起来。"我要替她妈妈奖励她一本书,上面还有我的签名呢。""哇!"他们惊讶了,羡慕了。课下,许多学生围在她那里看我"送"给她的书。从此以后,她每天都会拿书到学校来看。王梓萱的读书问题解决了,她妈妈逢人就夸我是如何地会教育学生。

解决一两个家长教育孩子的难题,能帮自己在家长中树立威信,迅速打开良好的接班局面。接下来,要征集每位家长教育孩子的难题,并帮他们解决,以便获得更多家长的认可。

我通过小程序面向所有家长征集教育孩子的难题,并逐一解决。比如,代昱轩妈妈遇到的难题是孩子不好好写日记。近来,我也发现代昱轩写的日记确实出现书写不认真、寥寥几笔就完成的现象。代昱轩是个很聪明的女生,但是学习态度、自制力不是很好。只要老师和家长抓紧一点,她就认真学,一旦放松,她也就完全放松下来。

每个学生都希望自己能得到他人的认可,尤其是班主任的认可。我通过公开展示的形式,唤醒她写日记的兴趣。在阅读她的日记时发现,前段时间,书写很认真,叙述较为详细。我把她的日记本单独留下,在语文课上,把她的日记本高高举起,向全班学生展示,说:"各位同学,我们一起来欣赏一位同学的日记。你们看,代昱轩写的日记怎样?"我用手从第一页开始,一页一页地翻动着。有学生说:"写得很认真。"我说:"对,你看,人家代昱轩写得——多——认真,每一天都这样——认——真!"眼看就要翻到她书写不认真的日记了,我手突然停了下来,说:"希望同学们能够像她这样认认真真地写日记。"经过我的一番表扬,她写日记又认真了起来。

代昱轩妈妈给我发信息说:"那几天,她不愿写了。我连吵带吼,她才写几句,我都上火了,吵了这些天,还不如您说一句。孩子一回到家就立刻写了起来。"

每位家长在教育孩子时,都会遇到难题,班主任刚接班后,就要通过分批帮家长解决教育孩子难题的方式,与家长建立积极联系,获得家长认可。

58. 管点闲事，赢得"刺头"家长

捕捉时机，帮"刺头"家长管点闲事，走进其内心，逐渐赢得支持。

每个班都或多或少存在着一两个"刺头"家长。他们时不时在班级群里发表点不和谐的言论，"是事不是事"地打个投诉电话，找找班主任和任课教师的麻烦。有的班主任想通过讲道理的方式改变他，可是道理讲不通；有的班主任想靠自己的强势来压下去，可是事与愿违……

班主任想赢得这样的家长的支持，就要走进他的内心。如何走进他的内心？捕捉恰当的时机，为他解决难题。

一天下午，放学后，我刚要离开办公室，准备回家，接到了小倩妈妈的电话。她问我在学校吗，找我有点事，但没具体说什么事。此时，我已经下班，完全有理由拒绝她，但是我没有，而是在办公室一直等着她。

她领着小倩来到办公室后，我给她搬了一把椅子，让她坐下，还给她端了一杯水。平常家长对老师有再大意见，她来到学校，老师像招待客人一样招待她，她内心肯定也会有所触动。

她坐下后，喝了一口水，焦急地对我说："孩子存钱罐里的好几百块钱都没了，我怎么问，她都不说，今天终于说了，是自己都花了。"我以为有学生跟小倩索要钱，便问小倩："其他同学有跟你要钱的吗？"小倩说："没有，自己花了。"我问："你什么时候花的。"小倩说："放学后，在家门口的小卖部花的。"她妈妈，此时忍不住了，说："不到一个月，好几百块钱都没了，你买的什么东西，跟老师说。"小倩胆怯地说："我买了中性笔，还有自己喜欢的本子，还分给了小珍，小宁……"我就在一旁，静静地听着这母女俩的对

话。妈妈很气愤，气愤的是花钱不跟自己说。小倩感觉很无辜，花自己的钱凭什么要跟家长说。

我听明白了，原来她是向我求助来了，想让我帮着她教育教育自己的孩子。接下来，我采用逐个击破的策略着手解决这件事。首先让孩子到办公室外面去，对小倩妈妈说："孩子花自己的钱，作为家长不应该管得这么紧，因为这是她自己的零花钱，她有自己花的权利。她把东西还分享给其他同学，这说明她懂得分享……"我耐心地把家长的工作做通了，又把孩子叫进来："你花钱要有度，要学会节制，没几天都把钱花光了，当你急用的时候该怎么办呢……"孩子也知道以后该怎么做了。

帮助小倩妈妈解决了问题，不能就这样结束，而要让她领会到我是在真心帮助她、乐意帮助她，并且让她知道为帮助她我晚回家了。于是，我特意单独跟小倩妈妈半开玩笑地说："其实这事不该我管，这是在学校外面发生的，是你家长的事，我替你管了……时间不早了，快领着孩子回去吧，天都黑了，路灯亮了，我也该回家去照顾自己的孩子了。以后遇到什么困难，只要我能帮上的，欢迎来找我。我们班如果遇到困难，也会请你帮忙的。"小倩妈妈说："不好意思，耽误您下班了，真的非常感谢！没问题。"

班主任替家长做的事，要委婉地告知家长，让他知道。告知他，不是为了让他感谢，而是让他知道班主任在帮助他，在关注他的孩子。这样，才容易走进家长的内心。

元旦那天，她主动给班级买了装饰教室的气球和拉花；六一儿童节，她主动给孩子们送去了冰镇柠檬水……我在班级里招募家长志愿者，她总是第一个报名……

刚上网课时，有家长不会使用钉钉，在班级群里不断发信息，气愤地问："没有一个老师给解决吗？课堂进不去！"她在群里回复："群里的老师都正在给孩子们上课，老师看到了会给你解决的。"不仅如此，只要班级有需要帮忙的时候，她总是很热心……

班主任与家长之间，不是管理与被管理的关系，而是一种合作共赢的关系。班主任如何赢得"刺头"家长？方法有很多，其中最为重要的一点是捕捉时机，做点走心的事，走进他的内心。

59. 查清真相，及时消除误会

孩子身上发生点不愉快的事，家长向班主任反映时往往会带有偏见和误会。班主任首先要耐心倾听，及时查明事情真相，再将真相告知家长，帮助家长消除误会。

有的学生在学校发生点事故，比如受了委屈，和同学发生了矛盾等，会回家跟家长倾诉，在诉说时只说他人的不是，隐藏自己的不对。家长出于对孩子的信任，只听信孩子的片面之词，然后带着情绪找班主任讨要说法。不管家长说得多么合情合理，在处理这样的事情时，班主任不能只以家长的一面之词来下定论，首先要安抚好家长，及时全面地查清事情真相后，再跟家长沟通。

晚上十点多，小川妈妈打来电话问："田老师，你知道体育老师的电话吗？"我一听，估计肯定有事，否则，不会要体育老师的电话，便问道："有什么事吗？"

"上体育课的时候，体育老师让他们做游戏，玩抢球。小川没抢到球，就罚他在操场上爬。那么多同学看着他，还笑话他，他回到家跟我说，就哭开了。这不是伤孩子的自尊吗？这是怎么当老师的？"她越说越生气。我本想去安慰她，谁知她自己一个劲儿地说，不容许我说话。最后，她说："不行的话，明天我去找校长。"

我能感受到她异常激动的情绪，耐心听完她的诉说后，并没有把体育老师的电话号码给她，我知道她要了电话号码肯定会跟体育老师大吵一架，体育老师再怎么跟她解释她都不会相信，反而使事情弄得更糟。

单听她的叙述，体育老师是做得有点过分，但仔细一寻思，真的像她说的那样吗？还需对事情进行全面了解才是。于是，我便安慰她说："天不早了，晚上也没法给你处理。我明天一到校，马上了解情况，给你处理，第一时间给你一个满意的回复，好吗？"她同意了。其实，家长找班主任的目的，就是想让班主任给帮着解决，所以一定要表明态度——及时解决。

第二天早晨，我来到教室后，先解决这件事。首先找到小川了解情况，问他昨晚怎么跟他妈妈说体育课上的事情。他说："这几天，我经常眼疼，上体育课还哭来。我妈妈就问为什么哭。我就说，老师让我们玩抢球的游戏，我抢球时，高雅骏把球踢开了，本来我应该能够抢到球的，感觉很委屈所以就哭了。"我追问道："也就是说，你哭的原因是没抢到球感觉到委屈，而不是因为让你爬，是这样吗？""是的。""可是，你妈妈却认为你哭是因为体育老师让你爬，伤了你的自尊。"他慢吞吞地说："我昨天晚上，没跟妈说这个地方。""为什么没说呢？""忘了。"因为他没把哭的真正原因跟妈妈说明白，所以他妈妈对体育老师产生了误会。由此可见，昨晚他妈妈说的并不是事情的真相。

对体育老师让学生在操场上跪着爬的事情，我仍旧存有疑惑，是不是真有这种情况呢。我找到了与小川一个组的郝爱康问情况。

他一边解释，一边笑："体育老师，让我们几个同学围成一个圈抢球，游戏规则是抢不到球的就从圈里爬。老师让双手和双脚着地爬，小川……嘿嘿……跪下爬了……嘿嘿……还把头抬起来，闭着眼。他的样子非常好笑，我们都笑了，他还一边哭着一边爬……后来，老师看到他哭了，就不再让他爬了。"

一个学生这样说，可能有偏差，那么其他学生呢？于是，我又问了几个学生，他们的说法都跟郝爱康的一致。事情的真相，就在我多方询问中，水落石出了。

我立刻给小川妈妈打电话："小川妈妈，你好，我来到学校第一时间就给你处理昨天晚上的事，我询问了小川以及其他学生，全面了解了事情的真相……"我之所以这样说，一是让她明白我把她的事放在了心上，很及时地给她解决了；二是让她知道我进行了全面调查，弄清楚了事情真相。今天，她的情绪没有像昨天那样激动："我也不认为体育老师会做这样的事，可是听孩子一说，就认为是真的。"此时，我采用共情的方式，与她进行交流："听到孩子受到委屈，做家长的都急，可以理解……"她不断地自责说："田老师，实在不好意思，我昨晚听他那么一说，有些冲动，我这人脾气有点急，给你添麻烦了……"虽然这个问题解决了，但以后再发生类似的事情，她可能还不知道如何解决。于是，我对她说："作为大人要冷静，孩子在跟大人诉说学校发生的事时，往往会漏掉部分信息，所以不能只听信孩子的一面之词，要多方调查，弄清事情真相后再下结论。"

学生在学校受了委屈，回家跟家长诉说时，往往会把事情说得很片面。家长在不能全面了解事情原委的情况下，出于疼爱，仅听自己孩子的一面之词，再加上看到孩子的哭泣，就会怒火中烧，尤其是当听到老师怎么对待自己孩子时，往往会更冲动。班主任在处理这类事件时，不要被家长的怒火所牵引，要耐心倾听，首先要安抚好家长，最重要的是及时查清事情真相，用事实来解决问题。

60. 带学生家访，促家校了解

班主任带上学生一起去家访，让学生宣传班级，讲述被访学生的优点，这样能促进家校之间更好的了解。

科技的发展，让家校之间的沟通变得十分便捷，虽然通过手机能随时与家长沟通，但都无法取代家访这种传统的家校沟通方式。当一个学生问题频出时，当班主任与其家长沟通不畅时，班主任一定要走进他的家庭，与家长面对面深入交流。

小进，这一学期刚转到我班来。不到一周，他便问题不断：上课不认真听讲，时常说话；课下跟同学打闹，经常闹急眼，并且大打出手……小赐、小朝、小杰等几个男生，看不惯他，经常跟他闹矛盾。一周内，学生跟我说了三四起他打架的事情。本来一个比较平静的班级，让他弄得乱哄哄。

当小进一出现问题后，我就电话联系他妈妈，他妈妈只会说，一定会好好管管他。可是，从来没起到任何效果。看不到效果后，我就又电话联系他妈妈，他妈妈有时会显出不耐烦和埋怨的口气，甚至还说出了"在学校不管学生找家长做什么"的话。我还会跟同事抱怨，他妈妈不管孩子，说话语气怪怪的。

入冬后，他每次晨读都迟到。我问他原因，他不说。鉴于前期他和同学间的冲突以及家校间的矛盾，我决定带几个学生跟我一起进行家访，深入了解他的家庭情况，一来借学生之口宣传班级，二来缓和个别学生与小进的矛盾。我找了小冰和小芯，她俩是班干部，让她们配合着我介绍一下班级，同时还让她们说一下小进在学校里的优点。这样，他妈妈就会对班级和我有进一步了解。我还找了小赐、小朝、小杰,带他们去的目的,主要是让他们三个了解一下小进目前的家庭状况,缓和他们与小进的矛盾。

我提前和小进妈妈约好时间。周二下午放学后,小进领着我们走进学校附近的一个小胡同,接着走入了一个小院的一间 20 来平方米的小屋。屋里仅有一张床,一个取暖的炉子,还有一张桌子和一个橱子。如此简陋的环境,令我和家访的学生大吃一惊。

跟小进妈妈寒暄几句后,他妈妈便向我敞开了心扉:"我是因为家庭暴力,跟孩子逃到了这里。我前夫喝了酒,不是打孩子就是打我。我和孩子受不了,才从天津来到了这里。孩子刚来这里的时候,一点都不适应,感觉学校很破旧,跟我们那里的学校没法比,每天都不愿上学。我就告诉他,学校新旧无所谓,关键是你要好好学。到了冬天,这里也没暖气,上厕所也没法上,天冷了,孩子也不愿起床……"

他妈妈说着,小进在一旁落泪。其他学生神情凝重,为他的遭遇深表同情。我现在终于明白,为什么小进一遇到事,就喜欢动手,那是从他爸爸那里学来的;我也终于明白,小进为什么每天早上总是迟到,那是因为天冷不愿起床。

他妈妈继续说:"我现在也没有什么工作,只能做点早点到大街上去卖,下午到饭店打点零工……"我忍不住问:"小进早上怎么吃饭?"她说:"我早上四五点钟起床,提前给他做好饭,盖在锅里,到点他自己起床吃完饭上学。晚上,我在饭店剥鸡胗,他有时也过去帮忙,剥一个鸡胗,也就一毛钱……他从来不花一分钱……"

如果仅通过电话交流,我无法了解他生活的环境,也无法了解他的这些遭遇。

在交流过程中,我向她讲了我的班级管理理念和措施,我没想到的地方,小冰和小芯给予补充。此外,她们还介绍了近期班级举行的活动以及取得的成绩。她俩还一个劲儿地夸小进勤快、乐于助人,比如认真打扫卫生、帮老师提水等。小赐、小朝、小杰也开始夸起小进来，说他写字认真、人缘好、体育好等。

她妈妈听了很高兴，说："小进能遇到田老师这么一位好老师，还有一群好同学，是他的福分……"她转身对小进说："你遇到了好老师，也遇到了好同学，以后要好好听老师的话，好好跟同学相处。"他点头答应着。

临走时，小冰和小芯把提前准备的一个笔记本和一支笔送给了小进，说："这是我们全班同学的一点心意，请收下。"小赐、小朝、小杰则把小进拉到一边向他道歉。

经过这次家访，我和学生看到了小进的生活状况，听到了他的遭遇，我们每个人都感觉到小进很可怜。令我没想到的是，小冰他们五人在回去的路上，跟我商量要给小进捐款。我没有同意，而是建议他们给他捐书或者学习用品，还要多找他玩，与他友好相处。从此，我们转变了对他的看法。我开始接纳他、照顾他，体谅他妈妈。同学们则在学习、生活中，对他提供力所能及的帮助。

班主任家访，与其带上任课教师，不如带上几个学生。带学生进行家访时，要带上对班级状况了解的班干部，让他们配合着班主任宣传班级，让他们介绍任课教师的优点，让他们讲述被访学生的优点，以此来增强家长对老师和班级的了解和信任感。

后记

智慧从失败中生长出来

有的老师，天生就是做班主任的料，一上来就能把班级管理得井然有序，就能赢得家长的支持，就能处好家校关系。然而，我的班级管理却是从失败中一步步走来的。

至今，我还清晰地记得，刚参加工作第一天做班主任的失败情景：

那天清早，我早早来到教室，打开窗户，准备迎接未曾谋面的学生。学生陆陆续续进入教室后，开始叽叽喳喳说起来，整个教室乱哄哄的。我站在讲台上，大声吼着，"不要吵了""再吵，中午谁也别回家"……学生仍旧自说自的，我心急如焚。上课铃响了，搭班的杨老师走进教室，三言两语就把纪律给维持好了。我站在一边，感到很失败。

至今，我还清晰地记得，第一次做班主任时内心的想法：

实在管不了这个班，就把班主任辞掉算了。

至今，我还清晰地记得，两个家长因孩子受伤的事，在办公室里大吵，我却不知所措的情景：

两个学生因一点矛盾动起了手，其中一个受伤了。双方家长来到学校，结果在办公室吵了起来。而我不知如何解决，想等搭班的老教师一块儿来解决，结果她迟迟不来，汗水湿透了衣服。吕福枝老师看出了我的焦灼，便走上前对我说："我帮你解决。"

至今，我还清晰地记得，与家长沟通时，因用词不当导致的狼狈情景：

我从学生口中得知B同学因A同学不还他钱，就跟A同学要利息。于是，我跟B同学家长交流，直接说B同学放"高利贷"。家长听后十分不高兴，非要把两个孩子叫到一块儿对质，弄得我十分尴尬。

至今，我还清晰地记得，因为一学生的事，没调查清楚，就采取措施，导致家长找我讨要说法的情景：

一女生跟我说她的衣服被她同桌用笔画了几道。可是，她同桌死不承认，从线条的位置来看，确实是她同桌画的。于是，我便要求他拿回家给人家洗干净。可他就是不承认，我把他拽起来，让他站了一节课。中午，他家长便打来电话跟我讨要说法，并且说自己孩子很诚实，只要是他做的他就承认……

至今，我还清晰地记得，家长在对老师进行测评时，我的测评成绩最低。成绩出来的那一刻，我的情绪很低落，百思不得其解，为什么对学生付出那么多，换来的却是低的评价。

……

做班主任的过程，就是一个不断与学生打交道的过程，就是一个不断与家长打交道的过程。这个交往过程，给我带来了各种痛苦和伤心。因为，我是一个不善交往的人，在交往过程中是那么傻、那么直，是那么的缺乏智慧。

自己的班级总得自己管，自己的班级出了问题总得自己解决，别人不会替你管，也不会替你解决。自己不是做班主任的料，但既然做了班主任，就只能硬着头皮去做，并且努力做好。

班主任工作需讲究艺术。于是，我开始阅读班级管理类的书籍和报刊，将名班主任的办法用到班级管理中；我开始向周围的同事学习，把他们的优秀做法嫁接到自己的班级管理中……

后来，我在班里开展各种活动，比如创办班级银行、创建图书角、给学生过生日、创办班刊等等。这样的活动，其他班级没有，我们班有。这样的活动，学生喜欢。学生喜欢了，自然会告诉家长，家长也就会对我另眼相看。

学生出现问题后，我也不再简单地解决，而是想着办法去解决。

慢慢地，班级有了起色，我也不再看重每月的流动红旗和每学期的优秀班级，而是着眼于学生的班级生活，让学生过一种与众不同的班级生活，着眼于学生综合素养的提升。

正是因为当年在做班主任过程中，遭遇了各种各样的失败，踩过了许许多多的坑，才使我不断去思考如何巧妙地解决问题，如何轻松快乐地带好一个班。

更多的时候是，我在思考如何才能打造一个与众不同的班级，让学生在这个班级中能快速地成长，生活得快乐些、幸福些。

慢慢地，我开始觉得，做班主任，没那么难，真的，只要用心做，再傻、再直的人，也能做好。

本书中所呈现的这些文字，是我当班主任十余年来的点滴实践和思考。这些文字大都是在带班过程中实践出来的，而非写出来的。有部分文字，已在报刊上发表，还有部分文字，在网络上发表。整理成书时，做了些许修改。

田希城
2025 年 6 月 20 日